你所不知道的中國民間文化

關於飲食男女 也關於草木蟲魚（前篇）

張石山 著

序言

甲申歲末，山西作家組團赴韓國作一周遊訪。作家們平日或有閒暇、不乏聚會；難得有十數同志如此多日朝夕相處，結伴共同休閒。男士離家，群雄麇集；長夜漫漫，旅途遙遙；口慾耳慾驅使，不約而有同好。故臥榻兩側、車輛上下，人人獻藝，各各賣弄本事。說故事、講笑話，侃黃色段子、來文字遊戲，竟成旅途一大節目。韓國風景秀麗，所謂賞心悅目；而有「說部」相伴，同行諸君益發樂甚。

其間，段子夥碩、表作兩善，以某為最。所謂嬉笑怒罵，皆成文章；觸景生情，每有佳製。文壇「山西兩座山」，這山望見那山高；韓石山公乃教在下曰：汝記憶驚人，腹中存有民間雜耍如許多，何不抽暇整理出來，以充文人小品之缺?或不失為文壇景觀一也。

熟細思之，口頭文學，民間笑話，的為文學藝術一大門類。草根藝術、鄉土文化，便說是高雅文藝的源頭母體亦不為過。質言之，身為作家者，對民間瑰寶不甚關注或者關注不夠，不妨說是有些失職。

孤陋寡聞，所見不廣，據說上一世紀三十年代，曾有作家學問家做過類似功夫，但我也僅止聽說有這麼回事而已。至於體制內的縣市文化單位，近年倒也做些整理民俗的業務；但就我所見到的成果，往往難免受意識形態、宣傳口徑的制約。妄改原生態文化的本來面目，乃至編造所謂「新民俗」，無實事求是之誠正、有嘩眾取寵之輕浮。佛頭著糞、在在多有，名曰傳承、實為糟踐。

當代大陸作家涉獵此一門類而著書立說者，則幾乎不曾聽說。究其因，或作家生活所限，無由為之；或眼界障蔽，不屑為之。或者，竟是須臾不曾離開空氣水分，卻忘記了空氣水分之存在。再者，民間口頭文學，多涉鄙俚，所謂「黃色」玩藝兒，在在多有，是否宜於成文，不免縮手。關於涉黃文字，歷年都被批評曰「自然主義」。自然主義究竟是什麼？批評者也往往不知所以。自然主義便成了一根粗暴的大棒，專事打擊扼殺。質言之，許多所謂黃段子，不惟充滿敏捷智慧，而且飽含生活情趣、性學知識，便說是民間的性啟蒙教科書亦不為過。開化民智、混沌自鑿，功莫大焉。

記事以來，正不知有多少民間文化的乳汁滋養過我。聞之在耳、刻之在心者，不可勝計。自小處說，民間文化曾經大大豐滿輔佐了我的寫作；從大處言，草根文明無疑灌注充實了我的文化構成。

追本溯源，不敢忘本。於是憑據記憶，寫下這一部《你所不知道的中國民間文化——關於飲食男女也關於草木蟲魚》。

民間口頭文化，其博大浩瀚，其生機勃勃，實在是一部巨大的、川流不息的活的經典。

CONTENTS

CONTENTS

CONTENTS

第二輯

CONTENTS

CONTENTS

第三輯

CONTENTS

CONTENTS

第四輯

CONTENTS

第一輯

肉頭金針真

所謂人生四大快意事，人們耳熟能詳。

一般都說是：久旱逢甘霖，他鄉遇故知；洞房花燭夜，金榜題名時。

民間有粗通文字又愛抬槓的私塾先生之類，挑眼說，上面四句話說得固然不錯，可惜意味還不夠。或者說是欠豐滿。久旱逢甘霖，多久呢？旱了三天、五天？莫若改成「千年久旱逢甘霖」，才比較夠味。往下講，他鄉遇故知，他鄉兩字也不精確。在南郊區集貿市場碰上了鄰居老王，那有什麼驚奇？算什麼人生快意？不妨增添兩個字，改成「萬里他鄉遇故知」。還有洞房花燭，隔壁老三家的二小子結婚，有什麼稀罕？至於金榜題名，考上非重點中學第二八六名，值得大驚小怪？

依次加工，增添豐滿，人生四大快意事就變成這樣：

千年久旱逢甘霖，
萬里他鄉遇故知；
和尚洞房花燭夜，
狀元金榜題名時。

這是老先生嫌詩意不足，隨便使用一回添字法、豐滿法。

學生虛心請教，老先生果然了得，上面法術之外，還有減字法、消瘦法。

比如，唐人杜牧的著名絕句：「清明時節雨紛紛」，先生褒貶說是囉嗦，極不精練。清明本來就是時節，何須分說。路上行人欲斷魂，行人不在路上，會在哪兒？借問酒家一句，「借問」兩字也多餘；至於牧童指路，莫非樵夫指路便會指錯的嗎？

刪減精練一番，杜牧七言原詩就成了一首五言絕句：

清明雨紛紛，
行人欲斷魂；
酒家何處有？
遙指杏花村。

聆聽了先生若干教誨，學生勝讀十年書，茅塞頓開。深感自己往常寫詩習作，毛病太多。於是閉門悶頭數日，精心打製、反覆刪改，綜合使用了豐滿法、刪減法種種法，終於營造出一首相對滿意的新作。沾沾自喜，拿到先生面前來請教，希冀獲得表彰；然而便是慣作打油詩的老先生也成了丈二和尚，連稱不懂。

新作應該算是一首五言絕句：

肉頭金針真，
況妻玉簪假；
毛雨思三娘，
騎驢想二爸。

先生看得懵懂怔忡，反過來向學生討教。尊詩合轍押韻，對仗也算工穩，怎麼老夫就不解其中深意呢？

學生實話實說，原來正是吸取了先生你的豐滿法、刪減法，種種妙法熔於一爐，方才有此新作出手。

且看第一句，詩意很平實，是說我老婆頭上戴著的一根金針是真的。而老婆不就是內人嘛，老婆、內人都嫌囉嗦費字不精練，所以將內人兩字上下合而為一，老婆頭上即是「肉頭」。第二句，不過如法炮製。寫詩不是講究對仗嗎？老婆的金針是真的，我二嫂戴的一枚玉簪卻是假的。二嫂，乃二兄之妻也，二兄兩字左右合而為一，便是一個況字[1]。

至於三四兩句，是說我三娘是個麻子，二爸是個驢頭長臉。天上落毛毛雨的時候，地下會出現好多雨點擊打的麻點，這時我就想起三娘來了。而一旦要出門騎驢，看見驢頭自然就聯想到我的二爸。

1 編註：在簡體中文裡，況寫作「况」。

末了，學生一派謙恭樣子，請老先生能將新作評點一回。看本篇新作有無進步、學生是否具有詩人之靈感與天才之氣質？

打油詩老先生啞然。

僕窺窗露豆

二〇〇〇年參與「走馬黃河」寫作活動，河東文聯主席王西蘭兄盛情作陪，曾到晉南萬榮、河津。在萬榮與民間笑話獲獎者柴振綱先生會面，相互交換過不少笑話、黃段子。柴先生聽了「肉頭金針真」，回奉了一個「僕窺窗露豆」，也很有趣。也是民間創作的打油詩，五言：

僕窺窗露豆，
丫洗水藏薑；
蛙翻白出闊，
蚓死紫之長。

前兩句是說，僕人在窗紙那兒舔了一個小洞朝裏面窺視，裏面的人便看見窗戶那裏彷彿露著一粒豆子。而僕人看見什麼呢？丫頭正在洗腳，經過裏纏變形的金蓮小腳，好像水裏藏了一塊薑疙瘩。

三句四句尤為有趣。青蛙肚皮翻過來，應該是一個白色的「出」字，而這個字的筆劃相當粗闊。一條死蚯蚓呢，則彷彿一個草書「之」字，紫色，偏長。

——記得當時我和在座的王西蘭先生，笑不可仰。

三強韓趙魏

早年在什麼報刊上曾經看到過一則數學家華羅庚吟詩作對的趣事。我國一個科學家代表團出訪閒暇，華老扣著物理學家錢三強的名字出了一個上聯：三強韓趙魏，徵求下聯。數字三正對了戰國七雄裏邊瓜分晉國的三強，三強又實指當今名人；大家知道華老必然已有成竹在胸，更加故意說難對，要華老拿出下聯來。華老欣然亮出底牌，下聯曰：九章勾股弦。

中國古代數學經典《九章算術》，最早證明了著名的畢氏定理。而更為難得的是代表團一行中，恰有當代著名科學家趙九章。

華老所擬對聯，堪稱一副絕對。而對於學養深厚的大家來說，擬聯作對不過是雕蟲小技罷了。

胡風沙千里

上個世紀中葉，文壇流傳一首趣詩。以八位著名作家文豪姓名入詩，恰成一首五言絕句，極其工穩。

胡風沙千里？
凌鶴張天翼。
白薇何其芳，
麗尼顧而已。

具體作者是誰？傳說有許多版本。其一，說是語言大師趙樹理。

大風吹屁股

前幾年《讀書》上，曾登載過文科教授文革時期下放農場勞動時聯詩作對、逗趣找樂的軼事。

農場勞動艱苦、居住簡陋，廁所尤其憋促污穢。教授們竟然苦中作樂，以如廁情景比附形容盛唐晚唐詩文風格。一位教授說，登廁時「大風吹屁股，冷氣逼肛門」，大有初唐氣象。另一位教授當即回奉一聯，「板斜尿流急，坑深屎到遲」。以小便、大解情景，形象比附盛唐、晚唐詩風。

教授們隨意調侃，即成佳構，足見學養。而非常時代知識份子的無奈辛酸亦可見一斑。

款大麻累慢

有一次，我和太原幾位年輕朋友外出遊玩，大家不免打麻將、甩撲克消遣。其中一位郭先生，青年企業家，號稱大款；打麻將速度甚慢，而且不停嘮叨自己很累很辛苦云云。另一位杜先生，評論家，智商不弱，打撲克卻常出臭牌，往往輸錢。

歸途車上，我便套用教授聯對把戲，當場擬得一聯。是為：款大麻累慢，商高撲臭輸。

同行諸人皆曰善。

減字木蘭花

文革當中，幾乎所有電影都被打成「毒草」，只剩了八個樣板戲在招搖。周恩來委婉批評說：全中國就剩兩個演員，一個是我，一個是西哈努克親王。柬埔寨打仗，親王流亡中國，不斷上報、經常出鏡。後來流行一則笑話，說有的官員不會句讀，唸報紙上的無標點短新聞，竟然念成：

「西哈努克親，王八日到京；外交部長姬鵬，飛到機場歡迎」。

段子不錯，大家耳熟能詳，聽著便不那麼新鮮。在韓國旅遊途中，同行的詩人老呂就又講一個某幹部附庸風雅作詩的小段子。其人為了找韻腳、摳字數，將「手裏拿著《人民日報》讀」，斷然生硬割裂成「手裏拿著人民日」。一首所謂絕句，結果成了這樣：

嘴裏咬著餅子吃，
手裏拿著人民日；
熱烈擁護三中全，
堅持四項基本原。

笑話裏這樣做詩的方法，我便當場戲稱為「減字木蘭花」。

且說韓國風景秀麗，飯食卻十分清淡。每餐不離泡菜，主食以米飯為主。韓國清酒度數也極低，限定在二十二度。大家嫌不過癮，叫嚷口中快要「淡出鳥來」。幸虧一般餐館都有中國北京產的牛欄山二鍋頭，儘管價錢不菲，大家輪流做東，飲酒樂甚。頭一頓晚餐過後，導遊王小姐關心詢問大家，對韓國餐飲感覺如何？書法家老曹應聲說，偶爾這麼吃一兩頓還可以，天天米飯、頓頓清淡，受不了。

逗大夥兒高興，我在旅遊車上就當場擬作〈減字木蘭花〉一首：

佐餐韓國泡，
助與牛欄二；
小姐問如何？
老曹答偶爾！

滿車當即轟然。

直到大家順利回到北京，在火車站附近吃到了山西刀削麵，「減字木蘭花」餘毒依然流布，七嘴八舌又擬得絕句一首：

饑餐山西刀，（刀削麵）
渴飲北京燕；（燕山啤酒）
手持韓國打，（打火機）
嘴叼美國萬。（萬寶路）

西歸浦

遊覽韓國第一站，飛機由北京直達濟州島。

濟州島位於朝鮮半島南端海域，其緯度大致在中國秦嶺淮河一線。但由於海洋性氣候的原因，島上氣候溫潤，松樹與棕櫚、仙人掌等錯雜相生。

島上有古跡名曰西歸浦。

當地傳說係秦始皇派徐福赴海外仙山採藥不得，西歸中國大陸之處。又傳說徐福登船清點人數，發現少了三名童女，於是派三名童男上岸尋找。結果是三名童男也沒有歸隊。這三對童男女留下的子嗣後裔，即是濟州島的島民。

——在日本，也一直盛傳徐福沒有歸國，而是落腳日本的故事。前些年甚至還聲稱出土發現了所謂徐福之印云云。

傳說種種，不過反映了中國大陸與朝鮮日本的密切歷史淵源，反映出他們曾經對中國文明和中華儒學傳統的極力認同。

後來，眾所周知，日本現代化的過程，同時不可避免地變成了一個「脫亞」的過程，或曰「去中國化」的過程。實在說，如果人類真是從猿猴進化而來，蕞爾島國根本不具備這種進化的充要條件。大陸人類移民周邊附近海島，是可想而知的推斷。只是那一移民過程，絕對要早於徐福東行。

為著證明日本歷史悠久，島民自然獨立生成，日本所謂考古學家不惜提前偽造預埋史前「文物」，爾後再去發掘，欺世盜名，莫此為甚。

醜聞暴露，全世界考古界大譁。一個民族，連歷史都可以偽造，什麼缺德事辦不出來？日本教科書將侵略中國寫成「進入」，採取鴕鳥政策否定南京大屠殺，也就絲毫不足為怪了。

在北朝鮮，近年也出現了虛擬歷史、偽造文物的荒唐把戲。聲稱朝鮮有個什麼子，比孔子、老子都不知道要古老多少千年；有古跡遺址為證，便是大禹治水，都是赴高麗國向那個什麼子討教的結果。

或曰，這不妨說正反映了一種小國心理。自稱「大日本帝國」、「大韓民國」，也只好任它自稱去。

糞豬

濟州島遊覽內容，有參觀民俗村一項。

茅草屋、推拉門，石碾、石磨，諸如此類。濟州島屬火山島，滿目皆是火山岩。村民砌牆壘堰都是火山石，看去黑黢黢一片。

民俗村有豬圈，豬也不過是常見黑豬。中午用餐，特別說明是吃「黑豬肉」。不炒不燒，金屬容器上鋪些白菜葉子，加水，煤氣火半煮半烤至熟，然後食用。據說，韓國總統一日三餐也是泡菜包圓，整個民族從不大魚大肉，習慣清淡。所以據統計，韓國極少高血壓、高血脂類病人。

但在民俗村，看到當年濟州島上老百姓飼養的卻是糞豬。

糞豬，我國河北山東早年也曾多見。所謂糞豬，廁所連著豬圈，豬們就吃人們的排泄物。如此養豬法，不僅聽來腌臢，事實上也極不衛生。豬囊蟲、豬帶絛蟲，人食豬肉、豬食人糞，反覆傳染，相當可怕難纏。

由於濟州島上火山岩密佈，土層較淺，豬圈不易深挖，廁所呢，也不便修到半天裏去，民俗村裏廁坑於是緊靠豬圈。所以，導遊小姐特別指給大家看廁坑裏立著的一根木棒：那是人們方便時用來轟豬的。

要不然，貪饞的豬有咬掉男性生殖器的危險！

民俗景觀，隱隱然便有些驚心動魄。

而早年我聽說，在鄉間小孩子拉下巴巴，叫狗來吃，有男孩讓狗咬掉小雞雞的恐怖傳聞。

多虧時代發展，我們不再飼養糞豬。人們養了寵物狗，恨不得給它天天吃蛋糕，狗呢，也差不多改了吃屎。孩童成人的生殖器，幸甚至哉，極大提高了安全係數。

六把手司機的狗

十年前，我到某縣份遊玩。愛好文學的一位副縣長熱情接待，縣文聯主席陪同遊覽。閒話中，知道文聯主席養狗。他的狗，已然嬌慣不堪，用餐要吃麵條之類，而且不放調和不吃。開車的是副縣長的司機，也養狗。副縣長，在縣裏職務排名第六，他的司機的狗，每天要吃一隻燒雞！燒雞，到招待所隨便拎一隻來餵狗。而我的這位副縣長朋友，還是極其清廉的一位官員，官聲口碑甚好。

狗緣何吃屎

狗改不了吃屎，是一句常用語。六畜當中，狗對人足夠忠誠。桀犬吠堯，是一個貶義成語；但那隻犬，對故主也著實是忠誠。

但狗果然吃屎。小時在鄉間，常見。誰家娃娃拉了巴巴，那裏便響起女人尖利的呼喊聲：叭兒羅，叭兒來！戴著鑾鈴的牧羊犬就一路狂奔了來。街角拐彎處，蹄爪在石板路上連連打滑，生怕被其他狗搶先得了美餐一般。

狗到底緣何喜歡吃屎，生物學家大概也沒有什麼研究結論。

但民間傳說，有一個相當圓滿的解釋。

據說，上古時代，稻禾五穀皆是渾身長穗，而不是僅僅結一個穗實。人們物產既豐富，生活便奢靡。有一家的孩子拉了巴巴，女人隨手就扯過一張白麵油餅來擦屁股。然後將油餅扔給狗去享用。老天爺看見了，覺得人也太不像話。於是決定改變五穀性狀，高粱稻禾一律只留頂尖一個穗實。

人類乃大驚慌，然也無可如何。狗卻果然忠實，在天帝派員下凡執行任務的過程中，身下臥壓掩藏了兩種植物，竟逃過了執法。兩種植物，一株豆子，一株蕎麥，植株相對矮小，狗的軀體原也藏掖得住。

於是，人類種養的五穀之中，就有豆子蕎麥與眾不同，係渾身結實長穗的。

但狗干擾破壞了天帝的執法，立即就受到了懲罰。人類的過錯是從小孩拉巴巴而起，所以老天爺便處罰那膽大妄為的狗，從此吃巴巴。

一則民間傳說，既解釋了五穀穗實各有不同的現象，又連帶解釋狗緣何吃屎的因果，顯得圓滿而合理。當然，老天爺懲罰云云，這個故事的第一推動力涉及神魔，自不能與嚴格科學解釋相比。

——但，故事的隱喻意義不可忽略。當今時代，人類殘賊資源、暴殄天物，已經幾乎到了拿油餅擦屁股的地步。老天爺，或曰大自然，必將對人類做出嚴厲處罰。眼下，這種懲罰已經處處顯露許多警示端倪。人類實在應該有所自省了。

不然，上天懲罰下來，傲慢孤立的人類還能希冀一條什麼狗來幫忙的嗎？

牛怎麼沒有上牙

遺傳學以及進化論日新月異，卻有許多身邊現象不得解釋。人類為什麼要換牙？牛為什麼沒有上牙？我們頂多知其然而不知其所以然。

一則民間笑話，講一個算命先生在鄉間糊弄顢頇老婆的故事。

算命先生屬走江湖一類，耍嘴皮子混飯。走村竄鄉者，實在已是末流低級騙子。但糊弄傻老婆卻是足夠。聲稱算卦百發百中，開口就算道：

七齒笤帚八齒耙，你家的牛兒沒上牙！

這廝說的不過是常識，所謂口頭文學裏的「大實話」。「冬天冷、夏天熱，走不動了歇一歐，燒紅的鐵你不要捏」一類。

但那傻女人見算命的所說果然絲毫不差，立即信服，馬上拿幾枚製錢繳了卦禮，還外加窩窩餅子乾糧若干。

算命的見女人好騙，而且熱心，竟無償奉送一卦。算她男人下地歸來的情景道：

男人回來圪蚪下，抹起褲腿朝上抓。

男人下地，屋簷那裏掛了農具，習慣地蹲了靠在窗臺根兒吸煙鍋子。小腿那兒發癢，果然抹起褲腿，隨後果然用手往上抓、而不是往下抓。顢頇老婆於是不禁驚歎了：呀呀噫！真叫算得準呀！

男人聽說就裏，扯過老婆就是一頓好打：

敲不死你個傻婆娘！這卦老子也會算！咱家的牛沒上牙，誰家的牛長著上牙啦？

牛們怎麼就沒有上牙？農家日日與耕牛做伴，必然也要思考，希圖尋根究柢。有一則民間故事就是說的這個。

混沌開初，地下有了人類，玉皇大帝給大家訂立生活的規矩。說是一天裏，要「一吃飯，三打扮」。派天上的牛王爺傳達聖旨。牛王爺一時懵懂，竟傳達反了，說成了「三吃飯，一打扮」。

一天要吃三頓飯，那麼多的糧食如何產得出來？玉帝盛怒之下，一腳將老牛踢下凡間：你下去侍候那些人們去吧！一腳踢得夠重，結果便將老牛的上牙給踢掉了。

公雞放屁

現代人類追逐城市生活，城市生活卻日益遠離了自然。便是最普通的公雞壓蛋現象，城裏孩子也因少見而詫異。女紅衛兵下鄉，看見公雞「欺負」母雞，曾有奮力驅趕公雞、破壞人家好事的可笑行為。

公雞交配時，顯得十分野蠻霸道。直衝而上，尖喙叼了母雞頭冠、利爪抓住母雞翅膀骨，一副霸王硬上弓的架勢，彷彿是在強姦。怪不得女紅衛兵看不忿。我曾戲稱一位畫家朋友「老公雞」，正是取其強吻硬抱、愛你沒商量的意思。

但母雞實在也有生理需要，公雞的性行為倒不能隨便定性為強姦。

六畜者，《三字經》歸納為馬牛羊、雞犬豕。與其它家畜相比，家禽雞的交配方式可謂與眾不同。雄雞沒有外生殖器，壓蛋時與母雞僅以肛門相接，性腺排泄精蟲，令母雞卵子受孕。

當初，我住大雜院的年月，一家鄰居伺弄花木，飼養禽鳥，間或也養雞。雞類有壯碩的九斤黃、澳洲黑，還有拳頭大小的元寶雞。一日在院裏，見那澳洲黑母雞卻是主動發情，蹲在地下、翹起尾羽，肛門鮮紅外露了，等那元寶雞上身。澳洲黑何等高大，便是蹲了也有尺把高；元寶雞急不可耐，連連跳躍，偏生無論如何蹦不到母雞身上。至少，我見過這樣一例，說明它們是在「和姦」，而不屬強姦。

關於公雞以肛門相接的交配方式，民間故事也有解釋發揮。

天地初開，始分陰陽。閻王爺下令，叫各種動物到地府領取各自的生殖器官。公雞步履矯健，不時還能飛行一段，很快就拿到了它的雞巴。回程路上，碰到了鴨公。那鴨公一步三搖，行走極是緩慢。鴨公便懇告公雞，仁兄你腿腳利索，讓人羨慕；能不能把你的雞巴轉讓給小弟？勞你再跑一趟，行好積善，多多拜謝了！公雞大紅冠子，豪傑心性，助人為樂的事情，自家不過多跑幾步路，何足道哉！當時慨然就摘下雞巴轉贈了鴨公。爾後自己返回地府，向閻王重新討要雞巴。

閻王聽了，好生不悅。本王賞賜的寶物，雄根命本，竟敢隨便給人，沽名釣譽，如此不逞！或者，你竟是私藏了雞巴，又來虛報冒領。你的要求，本王斷然不允！公雞急了，閻王老子，這可不是耍的，你老人家不給我補發雞巴，叫我以後怎麼辦呢？高聲喧嘩，簡直是咆哮公堂了。種種辯解，閻王一概不聽，拍動驚堂木，怒斥道：

你放屁！

公雞領不到雞巴，只好奉了閻王爺的金口玉言，從此交配時節依賴「放屁」。

——聽水鄉地面朋友介紹，公鴨是生有外生殖器的。其形蜿蜒有如蚯蚓。鴨子在水中吃魚，但在交配期間，忘情的鴨公有時也會被魚兒咬食了生殖器。

日驢大翻花

早年看過一本資料，說城市人讀書明理，在性知識性心理諸方面都要早熟一些。依我的經驗見聞判斷，覺得大謬不然。

近年，有關各界大聲疾呼要對青少年開展性教育。謝天謝地，我佛慈悲，國人特別是青少年無端受到強力性壓抑的時間已經足夠長久了。據說，學校性教育將在具備條件的城市首先開展，而後逐步普及到鄉村學校。對農村農民農家孩子的各種有形無形的歧視，總是層出不窮。即便是性教育，也好像城裏孩子的性交問題也比農村孩子重要似的。而農村還有大量失學兒童，所謂義務教育尚且享受不到，性教育的甘霖就更加不易飄灑到他們頭上。

但我們卻又大可不必太過擔心。就我所知，農村孩子或者不得溫飽，缺少文化教育、醫療衛生保障等等，唯獨不缺性教育。鄉下早婚突出、超生嚴重，該是一點反證。

說農村孩子並不缺少性教育，實在不是誰的功勞，那是得益於農耕文明、得益於不曾脫離大自然的傳統生活方式。

城裏一會兒呼喊性教育，一會兒又呼籲掃黃，哪怕在電視上出現一點接吻擁抱的鏡頭，家長便要換頻道。在鄉間，前面所說的公雞壓蛋、豬羊交配，甚至包括大型動物日驢配馬，孩子們尋常可以看到。卻是不曾聽到什麼道學家驚呼「兒童不宜」，要掃黃、要打擊革除之類。或者，道學家空有一片苦心，他們能夠清潔電視螢幕，卻無論如何難以清潔整個鄉村山野。

這正應了一句老話：權力不及之所，乃教化施行的地方。道學家們無奈遺憾、無能為力，烏鴉嘴無從置喙；鄉下孩子得以擁抱自然、天真自鑿，這實在是一件大大的幸事。

村裏每有日驢配馬的大型節目，孩子們當然要來圍觀。大人們也責罵，卻是怕孩子們太靠近，被發情撒野的牲口踢傷，並不是不許娃娃們觀看。

見過了日驢配馬場面細節，孩子們是否就已經被「污染」？在道學家看來，那簡直不得了；在農民、在孩子的家長看來，則沒有什麼。家長們或者覺得，人人都打小時候過，你不讓他看，他不會偷看嗎？或者乾脆什麼都沒覺得，視而不見、置若罔聞。孩子們的性教育就在不期然間得以完成。

驢子的交配場面，有個細節與眾不同。

食草動物，出於防護本能，交配時間相對短暫。發情期的母驢，俗稱草驢的，早已急不可耐，四蹄踢踏，陰部水汁流溢。公驢，所謂叫驢，腹下後襠那裏，挺立一根一尺五六、成人胳膊粗細的陽物，躍上草驢脊背，貫革直入。時間不過五七秒鐘光景，叫驢射精，交配完成。有時為了保證草驢受孕，負責配種的主人會在叫驢身後扛著驢屁股，讓陽物充分進入。或者要讓叫驢二次配種，草驢的東家往往要給叫驢添加草料，料豆裏甚至打進去幾隻雞蛋，以給叫驢增加氣力。

且說叫驢射精完畢，從草驢身上落地，方才黑粗精猛一條驢鞭蔫軟耷拉。最可怪者，陽物前半段約七八寸那麼一截，自裏而外翻捲開來，完全變成一隻喇叭形狀。孩童們少見多怪，不免咋舌：好傢伙，翻開花兒啦！

記得在課堂上，老師讓學生解詞「沸騰」。初級小學四個年級的大小孩子擠在唯一的教室裏上課，前排十來歲的低年級娃娃說，沸騰是鍋裏翻花；後排十五六歲的四年級男生就嘀咕道：沸騰？那是日驢大翻花！

整個教室立即鬨堂。老師拎著教鞭直撲後排，沒頭沒腦一通臭揍，一邊大罵：

混帳王八蛋，我讓你日驢大翻花！

教師，為人表率，有他的職責；學堂，嚴肅場所，到底不許隨便胡說八道。

方陽揭掌

村子裏，誰家場院或者生產隊的馬棚有牲口配種，除了孩子們，有沒有女人們來參觀呢？好奇之心，人皆有之，女人就不要看那樣刺激驚險的節目嗎？

依我的見聞，只有婦女主任以及破鞋們會出現在附近。這些人，臉皮厚、不害羞。當然，多半也要做些遮掩，裝作談工作、拉家常，無意瞥見、隨便掃視的樣子。

一般良家婦女，不巧或正巧路過，會連忙用頭巾半掩了臉面，或者使手掌捂蓋了眼睛，匆匆過去。為什麼要遮掩？原來已經看到了什麼。其中，還有那麼一些偽作貞良的好奇女性，指頭縫兒留得夠寬，偷偷瞧個仔細。

有一則笑話，就描述了這樣一種情狀。

兩口子走親戚，女人高高騎在毛驢上，男人吆趕了行路。莊禾地邊上，一條漢子正在小解，兩腿間現著累累堆堆一大坨。女人便照例使手掌捂蓋了眼睛，非禮勿視的樣子。

這家男人卻是幽默，知道自家老婆花樣。蹄聲篤篤，走過現場，男人就開逗道：可惜，可惜！有心叫你拿開手，不好意思——剛才那個人褲襠裏的玩藝兒稀奇，哈哈，是個四方軲轆！可惜！

女人在毛驢上立即揭下手掌：儘是胡說哩！明明是圓的，和你的一樣，哪裏是四方的？

三妯娌吊蛋

過去，鄉下早婚。兩個孩子的媽媽，也許不足二十歲，依然天真爛漫。

這家，三妯娌，大嫂也就二十出頭，三媳婦不過十六七。男人們下地幹活，大嫂在家領導女人操持家務。收拾罷早飯鍋碗，做午飯時間尚早，妯娌三個說閒話逗玩兒。突然就想起一個古怪話題：咱們女人走路方便，兩腿之間沒有什麼累贅；男人們褲襠裏吊那麼一堆，怎麼走路呢？磕磕絆絆的，能不礙事嗎？

三位就想學扮一番。腿襠裏該安裝個什麼東西呢？一下就瞥見了牆上掛著的大秤和秤砣。那一疙瘩鐵秤砣，吊在腿襠裏，或者能得其彷彿。三個女人說來便來。閂了屋門，從大嫂開始，脫去褲子，腰間拴了秤砣，光屁股在地下走來走去。以下二媳婦、三媳婦，一一輪番學扮嘗試體會。青春少婦，天真無邪，偷偷作樂，屁股扭來扭去，秤砣磕磕絆絆，屋子裏一時笑語喧嘩。

玩樂半晌，門縫裏陽光日影顯示時辰不早。大媳婦畢竟老成負責，不能放任大夥只顧玩耍，該是準備午飯的時間了。三妯娌於是掛好秤砣，穿好褲子，遊戲現場了無笑鬧痕跡。

不料，三位打開屋門，卻見三媳婦的二哥不知何時來到，正蹲在屋簷下悶頭抽煙。妯娌三人一時都不好意思，大嫂二嫂也不與客人招呼，傾了頭鑽進廚房去也。三媳婦卻不能不與自家哥哥答腔，臉紅得要破，侷促了，吶吶地說話。

「二哥，你來啦？」

「來了嘛！」

「你啥時候來的？」

二哥瞟了妹子一眼：

「哼！大媳婦子吊蛋的時候就來啦！」

劁豬騙狗

我兒時所見動物交配，種種不一，堪稱各有千秋。

一曰豬。一般農家養豬，是養肉豬。養肥了殺來吃肉。所以，無論公豬母豬，都要去勢。對豬而言，去勢的手術，所謂閹割，特別叫做「劁豬」。三兩個月大小的豬仔，公豬自體外割去兩隻卵蛋，母豬要切開腹部，劁豬的把式由切口翻檢尋找到左右卵巢，一併切除。至於公豬母豬的手術創口，用普通縫衣針線草草縫合完事。手術中，小豬尖利吼叫，震人耳膜；剛剛縫合傷口，丟還豬圈，則乖乖吃食去也。

給狗去勢，同樣的手術，不叫「劁」，而叫「騸」。反映著民間用語的豐富精確。騸狗的時候，一般是在院門那兒，使大門扇夾了狗脖子，狗頭在外面狂嚎惡吠，匠人在裏頭動手。

劁豬騸狗，手術並不複雜，但尋常莊戶人家多不自己動手，要花幾個錢請專門匠人。五行八作，指什麼吃飯的都有。

老百姓養豬，一般也只養肉豬。養了母豬來下崽，養了公豬去配種，須是殺豬宰羊屠戶一類人家。沒人殺豬，怎麼吃肉？沒人養母豬，小豬哪裏來？但在本分農戶心目中，頗是小瞧那樣人家。所謂君子遠庖廚，老百姓和聖賢的心理是相通的。

螺絲拐彎屌

關於家畜們的懷孕期，老百姓有口訣說是「貓三狗四、豬五羊六、驢七馬八」。母豬半年左右要生一胎。小豬斷奶，母豬繼續發情，這時就須得有公豬來配種。

豬類，係雜食動物，交配時間相當長，顯得比牛羊之類從容許多。公豬的陽具，初初出鞘時也不過食指大小；但交配過程中，大有變化。能延伸至七八寸長短，而且逞螺旋形狀。有時主人不耐，覺得時間足夠了，便狠狠踹那公豬；公豬從母豬身上跌落一旁，一支拐彎螺旋傢俱還插在母豬體內。

村人鬥嘴，男人會說女人「有本事你給咱站著尿一泡」！後生們取鬧，或者就說「把你日能的，長著螺絲拐彎屌啦」？

生剮驢肉

說到中國人吃法殘忍，魯迅先生講過「生剮驢肉、活烤鵝掌」。

驢肉細膩，向有「天上龍肉、地下驢肉」的口碑。驢鞭狗腎，據說都能入藥，壯陽。

小時，從太原回老家盂縣，要乘火車先到陽泉打尖，二日再乘汽車回縣城。陽泉屬平定，平定州古來驢肉出名。在一個推車小販處，聽見賣「金錢肉」，童心好奇，花兩角錢買了來吃。果然狀若銅錢，中間尚有孔洞一。到成人後回想，原來那時吃了一回驢鞭。

據說，平定州過去曾經營售賣「生剮驢肉」。依照客人口味，選擇部位從活驢身上生剮血肉下來。而在生剮驢子之前，炮製手段也很殘忍。一間屋子，四壁與地底，都生了炭火，驢子只是燥渴不堪。飲驢呢，則是濃濃的五香花椒鹹鹽水。驢子熱而出汗、渴而狂飲，如此反覆，據說五香調料味道就充斥了那活驢全身肉體。

凡環保組織、綠黨、動物保護主義，我一律投贊成票。

狗腎

大約農曆二八月，狗們一年兩度發情。一向忠實的看家狗，此時不安於室；便是職責在身的牧羊犬也不管羊群了，會打群架，爭奪交配權。

公狗的陽具，交配前短小尖銳。村裏什麼人偷姦耍滑、吝嗇小氣，機心奸詐，老百姓會籠統評價一個「奸」字。罵得刻毒些，會說某某「比狗雞巴還尖」。

但狗們不僅交配時間相當長，陰陽結合中器官還要發生很大變化。公狗尖銳的陽具，前端會漲大許多倍。直到公狗從母狗身上下來，兩狗已然背向東西，兩個器官依然緊緊咬合。公狗力氣大些，拖了母狗行動，反之亦然。此時，便是鞭子來抽打，雄雌兩造拼命掙扎，也多半不能分開。半樁孩子調皮玩藝兒，有時促狹淘氣，拿一根扁擔，中間抬了兩隻狗來遊街玩兒。狗狺狺狂吠，讓人十分不忍。

有經驗的成人，舀一瓢冷水來，潑向狗的陰部，兩隻狗便立即順利分開。

至於調皮孩子，會遭到大家責罵。個別不服管教者，繼續作害，迷信老人、良善婦女會說：

你就造孽吧！日後除非你打光棍，要不然你辦事的時候保準要「鏽」住，扯斷命根也分不開！

人類男女交合，果然有極端咬合、不得分開的病例。當然，患者多半無辜。

——另有一說，交配中的狗不易分開，是母狗器官的緣故。所以，民間又有「狗陰鎖，牛陰火」的經驗之談。

羝羊

羝羊打架，是鄉間孩童喜歡看的一個節目。

農家養羊，少則一兩隻，多則七八隻，大家合股雇傭羊倌來放牧。

羊分山羊、綿羊，一般也不分群。只是剪毛撓絨的時候，要注意分開來。

所謂母羊下母羊，三年五個羊，母羊從來不閹割，要它不斷繁殖。至於公羊，則要早早劁騸，好比肉豬，劁過的，肉才鮮嫩好吃。

山羊，綿羊，凡騸過的，叫做羯羊。少數不加閹割的公羊，方才能獲得交配權利，傳宗接代。綿羊之內的種羊，特別稱作羝羊。

發情交配期間，種羊出於本能，必然要羝架爭鬥。自然選擇的過程，使最強壯的公羊優勢遺傳。

山羊打架角抵，只是就地站起，互相瞠視了，突然同時撲下，頭頂兩隻矗立的大角，與對方鏗然相撞。如此反覆，直到分出勝負。

相比之下，羝羊鬥架要壯觀得多。

或村邊場院，或平曠山野，兩隻羝羊各自頭頂螺旋大角，相互怒視了，雙雙向後退開去，有時距離會拉開五六十米。終於停下，依然怒視著，鼻息咻咻；彷彿聽得一聲號令，乍然從兩端同時起步，相向狂奔。蹄聲踢踏，兩隻羝羊都帶了加速度，猛地死命撞在一起。大角撞擊的聲音，鏗然甚厲，那場面、那聲音，堪稱驚心動魄。

或者，我與夥伴們正在山坡砍柴割草，只遠遠瞭望羝羊打架。那麼，會看見兩隻羊相撞，然後又各自後退；直到它們退開一段距離，那羊角撞擊的巨大聲響才會傳來。有時，還能連帶聽到山壁上的回音。

於是，我們體驗到了聲音速度遠遠低於光線速度的例證。所謂「千里的雷聲萬里的閃」是也。

我們疑惑，放羊漢也不解：羝羊鬥架如此暴烈兇狠，怎麼就對付不了一隻狼呢？雄鹿、羝羊，頭上的大角原來只是為著向雌性炫耀、向同類示威。同類相殘，其殘酷、其不共戴天，有時實在超乎想像。

韓國忌食羊

多少年之前，我就有個自認為天才的發現：北方某些民族有的人長相像牛，而朝鮮人長得有幾分像羊。

有些民族奉狼、奉熊或者奉牛為祖先，那實在是基於原始的圖騰崇拜。樂於扮熊、以酷似狼為驕傲，等等心理，涉及民族信仰，「子非魚安知魚之樂」，局外人最好緊閉嘴巴。

至於有些民族的人，所以讓人感覺像牛，我猜測那或者是草原生活，多見牛馬少見人，大家平常與牛馬接觸的時間比較多。有一種說法，人們的長相，一半在先天遺傳，一半在後天習得。

我說朝鮮人長得像羊，則完全是一種感覺或曰直覺。

在韓國遊覽，導遊講說韓國人的飲食習俗，有忌食羊肉一端。不知是出於什麼古老的禁忌或崇拜。詢問導遊，導遊也不得而知。

貪如狼　狠如羊

羊狠狼貪，古文裏常用。司馬遷在《史記》中有「貪如狼、狠如羊」的句子。綿善的羊何以形容它狠，常情常理難解。隨處留心，卻始終沒有看到任何有關的文字解釋。

羊吃蛇

蛇的天敵，有鷹，有獴。

貓也鬥蛇。村裏人養貓，讓它捉老鼠。尋常大人不許孩子欺負貓，尤其不讓用筷子打貓。說是那樣它就可能銜回家裏蛇來。

仙鶴是否吃蛇？《白蛇傳》平話裏，有白娘子盜靈芝草，看護仙草的鹿童、鶴童追奪的情節。鶴童現形，飛在空中只鳴叫一聲，白蛇當即現了原形。

蛇蟲繁殖，何以大致保持一個均衡的數量？老百姓歷來的說法是「南有蜈蚣北有鏵」。

蜈蚣雖小，毒性猛烈，能致蛇於死地。還是《白蛇傳》裏，許仙受人挑唆，曾拿一條蜈蚣來對付過白蛇。

——蛇，是那樣讓人恐怖，《白蛇傳》卻塑造了一條人性化的可愛的白蛇。倒是口念彌陀的老僧法海，是那樣可惡可憎。泯滅人性的天條，更有毒於蛇蠍者。

南有蜈蚣北有鏄，村人解釋說是蛇不會打洞，冬眠要借助天然洞穴；到開春時節，身體長大的蛇蟲便出不來洞穴，死在其中。這恐怕也是想當然，不足為憑。

開春時節，羊群上山，正是冬眠的蛇蘇醒的時候，羊們鬥蛇，則是實情。

羊兒素食，嗅覺靈敏，山裏凡有隱藏蛇蟲的洞窟，羊們立即發現。那麼，羊就要用蹄子將洞穴死死踩踏，打夯一般，直到把洞口徹底封死為止。此刻，任是放羊漢鞭子驅趕，羊們不封死洞穴，絕不干休。

山野裏，如果看見蛇蟲遊弋，綿羊驚懼觳觫，但勇敢的山羊會主動挑戰。蹄子騰躍踩踏，生生要將蛇踩為幾段。

前幾年，聽我村放羊漢有貴敘述：陰曆十月初一鬼節，誰家遷墳，揭開墓穴時出現成堆盤繞的蛇，看了極其可怖。秋收之後，羊群有時不上山，在田野裏放牧，吃棄落的糧食。見了那樣多的蛇，或者是出於保護幼崽的本能，也許不過是出於恐懼，一隻老綿羊衝上前去，竟活活吞食了一條蛇！長蛇在綿羊嘴邊蜿蜒，當時看了噁心，有貴使鞭子抽打，那老綿羊不管不顧，努目抻頸，將一條蛇吞嚥下肚才罷。

「狠如羊」，上述或者可備一例。

頭羊

放羊漢掌管領導一群羊，一百多兩百隻，必須有好幫手。一是須有兩隻精幹盡責的牧羊犬，一是得有一隻聽話服從的領頭羊。頭羊，要選體形高大、雙角漂亮的山羊。剪毛的時候，頭羊不剪毛，只給它抓絨；頭羊彷彿披掛了衣衫，所以頭羊又叫「披衫子」。脖頸那裏，懸掛一隻鈴鐺，行走當中，領頭駱駝的駝鈴似的。頭羊便顯得高大威猛，領袖群倫。

平常羊群出村上山，往往要經過莊稼地。羊們假如偷吃了兩邊莊禾，主家要索賠事小，關鍵是羊倌丟人。羊群如何能不吃身邊莊稼？先是必須依賴頭羊。頭羊在前邊昂頭快速行走，羊群本能最是跟隨服從，成群地流水一般走過。頭羊偶爾猶豫，那麼牧羊犬就會一陣吠咬，催它前進。隊伍中或有調皮羊子，要冷丁偷吃一穗莊禾，牧羊犬立即嚴懲不貸，撲上撕咬。

極其個別的情況，山裏突降暴雨、雷鳴電閃，假如頭羊受驚跳了懸崖，那麼整個羊群也必定追隨了，全部跳崖摔死。這時，放羊漢、牧羊犬的威懾，沒有任何作用。羊倌只剩下大哭嚎啕的份兒。

頭羊在羊群裏作用大，形象也威猛漂亮，羊倌十分喜愛。乾糧剩飯，除了餵狗，不時也恩賜了他的頭羊。

但頭羊必須閹割。騸去卵蛋。不然，它哪裏會那樣聽話。

多年以來，文章裏常見「領頭羊」字樣。如果是形容主人手下的標兵僕從、模範奴隸，則準確不過。

牛吞蛇

中醫中藥，有許多神秘內容。傳統的，無疑是古老的；但古老的，不一定就不是科學的。

夏日炎炎，農人怕牛羊缺鹽，要碾些苦鹽來餵食。此處，餵食牛羊鹽分，特別叫做「啖鹽」。古字古音，鄉村保全著若干語言的活化石。

耕牛若是天熱上火，會請獸醫來看視，給病牛熬湯藥來喝。

假如耕牛上火嚴重，農民還有一個偏方：給牛灌一條蛇來下火。

捉一條無毒蛇，最好是白蛇，裝在一個竹筒裏，將牛朝天高吊了，竹筒直插喉嚨，一條蛇便「嘶嘍」灌入牛腹。

看著可怕，聽著也怪異。但據說，十分有效。

雄牛

農民需要耕牛。母牛向來不騙，讓它下崽。所以母牛俗稱「牸牛」。公牛，要它乖乖耕田拉車，不僅要穿牛鼻矩，而且要閹割。閹割過的公牛，別稱「犍牛」。不事閹割，專門用來交配的雄牛，才叫公牛。

雄牛交配，最為壯觀。

騰出一大片場地來，大人們特別要將孩子們遠遠攆開，以免危險出事。發情的母牛已經急不可待，雄牛卻先要在場子裏撒歡尥蹶子。本能習性作怪，儘管沒有競爭對手，那雄牛也要怒目圓睜，鼻息咻咻，東衝西撞。場地上，塵煙瀰漫，氣氛緊張。

打敗了所有假設敵，人群也保持了相當距離，雄牛這才開始工作。四蹄踢踏間，後襠那裏伸出陽具，通紅鐵硬，前尖後壯，足有二尺五六，像一支「火尖槍」。盯視了母牛牝門，雄牛從數十米開外，瘋狂衝上。只見雄牛躍起，撲上母牛之際，火尖槍閃電一般插入母牛腹中。須臾完事，猶如電光石火。風馳電掣，彷彿白虹貫日。

雄健、驚險，健康、壯美，看了令人神旺。

野牧

山西內長城古三關，是為雁門關、寧武關與偏頭關。

寧武管涔山森林茂密，保持華北全區最好林貌。其主峰蘆芽山，高聳入雲，狀若蘆芽。山西汾河源頭在此，當年水勢洶湧、聲如雷鳴，古來建有雷鳴寺，為當地名勝。

與蘆芽山相鄰，有一處高山草坪，因其形狀叫做荷葉坪。

荷葉坪廣袤數十里，每當春耕過後、秋收之前，牲畜閒了無事，周邊幾縣的農家都會將牛馬放到坪上去野牧。任其自由奔跑、自由吃食、自由交配。據說，待各家上山牽拉牲口還家，有的母畜已經懷了身孕。

我的老家村裏，雖無荷葉坪那樣大的山場，到夏天牲畜也要野牧。

白天，負責放牧者要看管畜群。一者，防止牛驢吃了莊禾；二者，要吆趕牲口們到山泉去飲水。

到夜間，牲口群就扔在山裏，不再著人看管。黃昏後，牛驢視力下降，不敢亂跑，會自動在山鞍山坳避風處臥了歇息。

那麼，山裏不惟有狼，還有豹子，牲畜不危險嗎？畜群裏只要有牛，不妨事。儘管是去勢的犍牛，雄赳赳的氣概不減。凡犍牛，會主動臥在外圈，保護了圈裏的母嬰老弱。保護婦女兒童，頗有紳士風度。

犍牛躺臥方式，總是頭尾相接，成一個閉合的防衛圈。即便只有兩頭牛，亦是反向臥了，頭尾相顧。

牛鬥虎

農家車把式們拉煤送糧，尋常走夜路。曠野漫漫，有狼嚎繞耳；視界漆黑，多鬼火閃爍。鐵腳車，慢騰騰。但只要老牛駕轅，把式們便不覺恐懼。

鐵腳大車，十八條車輻，稱作十八羅漢；一條鞭子，說是一條龍。而老牛，號稱牛王爺，雄健威猛，蟲豸鬼魅且不敢作怪。

我們家鄉，太行山盂縣，如今豹子山豬在山野稱王。豹子山豬都不敢與牛放對。據老人傳言，山裏原先還有過老虎。而能與老虎抗衡者，就是牛。

民間傳說，野牧的雄牛身上帶傷，原來是與老虎連日惡鬥。後來，獵人打死了老虎，剝下虎皮搭在碾軲轆上；雄牛誤以為老虎還在，竟一頭撞去，結果相當悲壯。

直到上世紀五十年代，家鄉廟會上扮紅火，還有「牛鬥虎」。高蹺、旱船，霸王鞭、八音會，自給自足的農耕文明，曾經滋養繁盛了豐富多彩的自娛自樂的民間藝術表演。從合作化到學大寨，民間藝術遭到滅頂之災。高蹺、旱船之類，如今只剩了在電視裏表演。牛鬥虎是再也看不到了。

牛鬥虎，與舞獅相彷彿。兩人一組，前面演員戴著牛頭、虎頭，後面助手弓腰扮演下身。鑼鼓咚咚鏘鏘助興，虎的威猛、牛的雄健，活靈活現。人群裏叫好吶喊，有人打響了忽哨。舞者忘乎所以，觀眾其樂融融。時過境遷，俱往矣；必欲一見，哪裏是？

犛牛

走馬黃河時，我行走的第一站是青海。

聽那兒的朋友閒聊中介紹，野犛牛與家犛牛的交配情景，堪稱奇異。

高原家養犛牛，形體似不若黃牛高大。但四蹄相當壯實，長毛披拂頗顯威風。旅遊點，則能看到通體雪白的犛牛，一邊是身著民族服裝的康巴漢子，在雪山背景映襯下，活脫一副高原風情圖畫。

據說，野犛牛形體更大些，也更威猛。野生犛牛，發情交配期間，雄性之間當然要激烈競爭打鬥。成王敗寇，自然而然。那些鬥敗的公牛，經常會潛入村寨強姦牧民家養的母犛牛。儘管是山野裏的敗軍之將，卻比家養者雄健得多。母犛牛，有被強姦致死者，有臥病不能起立者。當然，也有因姦致孕者。

於是，牧民家養的犛牛就獲得野生犛牛的優勢遺傳基因，種群得以不斷更新。

水稻專家袁隆平教授，改良水稻品種，起先就是借助了野生稻子的遺傳優勢。

保護野生動植物，不妨說人類正是在保護自己。

裝扮乳牛

且說大家在韓國遊覽，取消了午休，午餐後接著活動。下午的考察專案完畢較早，五點多一般就開始晚餐。晚間自由活動。

三五人相隨了，看看街景、逛逛酒吧之類。

這一晚，大同作家王祥夫做東，向酒吧老闆娘討要牛奶。韓語既不通，英文也不會，這傢伙就自作主張，臨時自編了一套行為語言。兩隻手，先在頭頂比劃牛角；但牛奶不是母牛才有的嗎？接著在胸部比劃乳房，表示他說的是女性的牛。隨後心想，母牛的乳房其實是在下腹部，所以他又半貓腰，使雙拳在自家腿襠那兒做擠壓動作。

整套行為語言表演完畢，自以為充分裝扮了一隻乳牛，期望立即要到牛奶。老闆，老闆娘，以及服務生，都大惑不解。換一家酒吧，繼續不懈努力，老闆娘倒是領悟了，晦澀地笑笑，卻連連擺手搖頭。

王祥夫的整套行為語言，莫說外國人，便是同行的中國人，也斷然會領悟偏差。頭頂比劃，是說姑娘的兩支小辮兒；胸部比劃，進一步說要發育成長的女孩。而貓腰在褲襠那裏擠壓，分明是在射精、哪裏是什麼擠奶？而韓國正在掃黃，打擊賣淫嫖娼，怪不得老闆娘搖頭擺手。

這樣分解一回，大同作家自我好笑，眾人也都大笑。

濟州島漁女

韓國濟州島，環周不過百十公里。西有古跡西歸浦，東有城山日出峰。

濟州島整個係火山噴發形成，有許多奇異火山地貌。

一個是地質學上有名的竹狀節理帶。火山岩漿噴發之際，與海浪相互作用，火山岩冷卻形成竹節形狀。萬千石質的竹節，從海底拔地而起，蔚為壯觀。

一個就是城山日出峰。日出峰，本是海邊一個火山口。口內，早已植物覆蓋，成為一片草原。而火山口四周，巨石環列，從高空看下來，火山口儼然一個皇冠形狀。小型景觀，也還精緻。

導遊介紹說，濟州島古來土地薄瘠，島民種田之外，多賴漁業為生。男人出海撒網，女人則在近海處潛水捕撈。久而久之，濟州島上就有了一種特殊的女性職業行當：漁女。

迫於生計，漁女都是自幼學習潛水。日久天長，功夫因而深厚。其潛水深度、下潛時間，便是受過正規訓練的男性潛水夫都甘拜下風。

海面上有白色漂子，助漁女返歸海面尋認目標。為減少往返，儘量採撈，漁女往往要在水下堅持到極限時間。深海寒冷，凍人發僵，漁女們有一個傳統技藝：

憋一泡尿下海，當冷極寒極，開始排尿，用尿液的溫度來暖身。一泡尿，要分三次排解，以便贏得更多時間。

而今，韓國經濟騰飛日久，年輕一代讀書求職機會多多，女孩子們早已不再選擇漁女生涯。別具風情的濟州島漁女，後繼乏人。據稱，島上還在堅持潛水捕撈作業的，全剩了一些老太婆。最年輕的，也已年屆五旬。

從火山口朝海面望下去，附近海面只有三五個漂子。

而遊覽程式緊迫，漁女也都老邁，大家都沒有提出到海邊參觀。漁女生涯，定有許多珍奇，無從得而知也。我想，潛水作業捕撈，原非為著表演，漁女們一定曾經是全裸的吧。

峽江縴夫

長江流域，航運始終發達。急流險灘，過去非機動船時代，必須依賴縴夫的人力。縴夫們，尋常是全身赤裸。一者，衣物短缺，水蝕易壞；二者，萬一落水，免得衣服拖累，增加風險。如今，機動船替代了木船，縴夫職業消失。裸體勞動，那原始野性的風景不再。電視上模仿扮演一回，演員們晃動了大白屁股，一看就是偽造的贗品。

黃河船夫

黃河航運，也曾經有輝煌年代。至少在清朝，國家版圖統一，黃河上游下游航運得以貫通。寧夏的蕎麥、灘羊皮，船運來山西，老船工們記憶猶新。過壺口瀑布，木船必須上岸。騾馬車輛，將貨物拉運越過壺口；木船，則依賴人力畜力，陸地搬運。所以，當年壺口瀑布一代，有「旱地行舟」的雄壯景觀。

除了沿河航運，黃河上還有許多古渡口。僅山陝交界的黃河段，著名的渡口就有河曲西口渡、柳林磧口渡、河津龍門渡、永濟風陵渡等等。在這些連通兩岸的渡口，過去拉客載貨的船工，也一律赤身裸體。便是大閨女、小媳婦要坐船過河，船工們也全無避忌。水急浪高，人命關天，船工們早已進入忘我的大高境界。有誰羞澀難堪，那只是誰的心態問題。

山西河曲縣，雞鳴三省之地。縣城正北十數里，黃河河心裏有萬里黃河上唯一居住人口的島嶼娘娘灘。灘上人們要來岸上，河曲與河北面內蒙准葛爾旗之間人民過往，還在依靠擺渡。縣城正西，與陝西府谷的牆頭鎮隔河相望。依照古老的協商定約，這兒的渡口由牆頭鎮船工經營。

娘娘灘渡口，與牆頭鎮渡口，如今都換了機動船。船隻靠岸，船上要渡汽車之類，船工也要下水扛了船幫穩定船體。時代不同了，船工們不再赤裸，挽了褲腿下水罷了。

至於黃河沿岸其他渡口，由於公路鐵路大橋的修建，擺渡失去了作用，曾經繁榮千百年的渡口文化消失殆盡。當然，古人選擇渡口，對水文地質多有瞭解。一般說來，渡口那兒，水勢相對平緩，兩岸距離也往往最短。所以，如今的鐵路橋、公路橋，多半建造在古渡口。

二叔唸信

一則笑話，描摹渡口趣事。

某家女人，接了遠行在外的丈夫來信。苦於不識字，忙到渡口來求二叔唸信。

二叔粗通文字，一向助人為樂，何況自家姪媳。但二叔是船工，照例是赤身裸體。平常擺渡旁若無人，今番上岸來讀信，面對的又是姪媳，就有些不好意思。一手執了信紙，一手便去捂蓋遮擋了下部物件。

但河邊風大，掀動紙頁，影響唸信。二叔捂蓋下部的手，不時來撫平信紙；襠底裸露呢，急忙又去捂蓋。紙頁嘩嘩，只是不得順利念信。姪媳著急知曉丈夫言語，見二叔那隻手來回忙乎，急煎煎就說：二叔！你甭忙乎了，來，我給你捂住，你給咱趕緊念信！

姪媳柔嫩的手兒捂了底下物件，二叔豈能沒有感覺？下部膨脹跳躍，更加結結巴巴唸不成信。姪媳早連聲催促開來：

二叔，你快點唸嘛，我這裏都快捂不住啦！

離毬不說話

毬字，北方人口語常用。好比四川人說錘子，湖南人說卵。國人口語也說屌，《水滸》裏常見的「鳥」，與屌同音通用。這樣的字眼，說的本來都是陰莖，但文章作品裏都迴避，使用異體字來替代。好像陰莖比毬高級似的。

道學家驚呼也罷，檢察官刪改也罷，老百姓千百年就那麼說，誰也無奈何。

鄉下人攆牛放馬，語言粗糙。習慣成自然，乃至離毬不說話。「環滁皆山也」，歐陽修老先生在〈醉翁亭記〉裏使用了三十多個虛詞「也」字，以強調語氣、節奏。老百姓說話帶把子，有時並不是罵人，也像是使用虛詞。

一家孩子離毬不說話，大人訓斥教導，令其改正。這一天不小心，話語裏又帶出這個語氣助詞來。大人聲色俱厲責怪：你怎麼這樣沒有記性？

孩子連忙回答：記毬不得忘毬啦，想毬起來誤毬啦！

行人不想家

口語表達，要看具體環境。所謂語境。魯達拳打鎮關西，挨了第一拳，那廝說「打得好！」分明不是誇讚，而是表示憤怒氣恨。孩子骯髒，大人或者會說「看你乾淨的！」諸如此類正話反說，不勝枚舉。

有人離家在外，唉聲歎氣的。同伴以為他想家，連聲關照問詢；他則一再否認。兩人對話，相當有趣。

同伴問：唉聲歎氣的，想家啦？

行人否認：毬才想哩！

同伴又問：看來是想老婆啦？

行人又否認：想他媽的屄！

同伴笑了：哈哈，想和老婆辦事啦？

行人繼續否認：想那「坎椽」哩！

坎椽

青少年性教育，已經不再迴避青春期手淫的問題。先前的理論，主要是「轉移」說。講手淫對身體不好，希望大家將精力用來學習、勞動、鍛煉，或者胸懷世界什麼的。是為轉移。如今的理論，承認手淫的合理存在。有緩解緊張、幫助成長乃至獲得快感之功能。公理婆理，或者都有道理。

「手淫」，很醫學，很書面。給村裏人講課，多數人會一時懵懂。因為大家日常口語並不這麼說。

男子手淫，北京人說是「捋棍兒」，北方廣大地區都說是「坎椽」。遇上討厭的事，人們會詛咒說「真坎椽！」討厭的傢伙，大家咒罵說是個「坎椽貨」。在這樣的場合，「坎椽」要比「手淫」生動得多。

椽子，以及棍兒，形象地借指男根。捋與坎，則是動詞，表述手淫的動作。

北方好多省份，流行一句歇後語：高粱地裏坎椽子——劃拉勁兒不小。

否認

在電視劇《兄弟如手足》當中，我寫過這樣一段對話。打工的銀河回村，與歪牛閒聊。

銀河：歪牛，這盒子煙，你裝起！

歪牛：銀河，你這次回來，不說你們老闆那「官話」啦？

銀河：嘿嘿，那官話，你無非難道就聽不懂！比如「承認」，咱們就說承認；城裏人，人家說「否認」！你說拗口不拗口？「我說無非歪牛哇，你真是難道幹的不錯哇！我們固然是要否認你的啦！」所以，我扔給你一盒煙！

歪牛：好狗日的，是拗口！你給了夥計一盒煙，夥計一定否認你！還不如就說「承認」哩！

農民，村裏人，語言極其豐富生動，但也相當口語化。過於城市化、書面化的語言，即便很常用、很普通，至少在山西農村難以流行。

比如「否認」，老鄉們口語裏極少使用，大家平常是說不承認、不贊成。個別人新潮一點，也說否認，意思卻完全理解反了。某某人真是個好人，誰也得否認人家！久而久之，以訛傳訛，否認就乾脆當成承認來使用。乃至下鄉幹部做報告，也必須入鄉隨俗，「今年村裏收成不錯，大家高興，這誰也得否認！」不這麼講，農民不接受。

堅壁清野

來自鄉村以外的語言，一旦被廣大農民接受，就像活化石一般被保存起來。

比如抗日戰爭年代，有「堅壁清野」一句號召。堅壁，是說建造工事加強防禦；清野，是講將野外莊稼收割完畢，清理乾淨。但整句話，農民理解成把東西藏起來，不給鬼子發現。除了描寫抗戰，堅壁清野一詞一般不再使用。倒是農民口語中還不免使用這一辭彙。媳婦偷了一塊饃饃，婆婆會數落：人家把饃饃堅壁起來啦！

垃圾

即便以訛傳訛，錯誤使用，但只要成了規模，誰也奈何不得。

垃圾二字，正確讀音該是「le she」。港臺地區依然堅持這麼讀。而大陸十三億人民都唸成「拉及」，天王老子都沒有辦法。

馬尾提豆腐，尾最早讀「yi」。民間口語還在堅持古老讀法。比如遺產之遺，作饋贈講則讀「wei」。一字兩音，唇音舌音之分罷了。

酸甜苦辣

中央台開心辭典節目，有一次提問：苦與甜，味感在舌頭的什麼部位。選手思索半晌。其實，最善烹調、最講究吃喝的中國人，對味覺極其敏感。酸甜苦辣，四字的讀音早已透露了個中秘密。甜字在口腔舌頭什麼部位發音，甜感就在什麼部位。

而且，「酸甜苦辣」四個字的聲調，恰是漢語四聲。

王八各莊、野驢各莊

河北村莊，叫「楊各莊、李各莊」的十分普遍。三十年前，我當工人的時候，在某同事家裏看見一個信封，地名一欄尤其有趣。原來是同事老家來信，老家河北寶坻縣王八各莊公社野驢各莊大隊。

忍住笑詢問，同事詳細解釋道：王八兩字，其實是王卜；莊上有王卜兩姓，立為莊名。書寫潦草，成了王八。至於野驢，本是耶律，老鄉寫白了。寶坻地處河北內蒙交界，遼代契丹國姓耶律，或者有成了村名的可能。

至於楊各莊那個各字，不過是家字的別音。

死姓完顏生姓金

參與走馬黃河的陝西作家紅柯曾給我介紹：他的家鄉寶雞附近，有個村莊的老百姓都姓金，但在去世後靈牌書寫、家譜登錄，一律歸姓完顏。

完顏，係女真金國的國姓。歷史上宋元合擊，滅亡金國。女真民族沿黑龍江東去，於明代復興而為後金；為避免漢人反感，又改為清。

紅柯所言，或者是金國孑遺。

韓國觀音

從濟州島飛釜山，然後乘大巴奔古都慶州。

韓國少見高山，沿途矮山丘陵綠松紅楓覆蓋，綠化極好。田野裏已經收割罷水稻，稻草都已打包，方正的白色包裹均勻散佈在田野裏。機械化程度相當高。

韓國歷史上的「三國」時期，約略在中國唐代。三國，是為新羅、百濟、高句麗。新羅國的首都，在半島南部的慶州。作為千年古都，已申報為世界文化遺產。

慶州民居建築，飛簷歇山，頗具唐風。其華麗寬敞，與濟州島上茅草民居有天壤之別。

慶州佛國寺，始建於唐代。雖然歷代重修，但依然保持唐代風格。

遊人若要進大殿就近瞻仰佛像，須得脫去鞋子。還要佈施一萬韓元以上，記名於功德簿，以資助遺產保護。韓元一萬，大約人民幣八十。

我花了一萬韓元進入佛殿，主要是想就近看看觀音佛像。

這兒塑造的觀音佛，與其它所有佛像一樣，是畫鬍子的。鬍子逞螺旋狀，黑黑的，在金裝佛面上十分醒目。

觀音本來是男性。但在中國，觀音早已化身為女性形象。更見其慈悲，更利於和女性信徒溝通。

慶州佛國寺觀音長鬍子，第一當然是保持了古代傳統不使走樣。第二，也許是韓國婦女地位始終低下的一種折射反映。

泰國佛像

一九八九年，我曾經到過泰國。泰國全國有寺院兩萬多所，首都曼谷即有宏偉寺觀六百所。

中國的佛像，形象介於男女之間。雄偉中不失慈悲。而泰國佛像，全然女性化。胸部特徵尤其突出，乳房高聳，斷然女性。泰國人與我國傣族同種同源。崇拜女性始祖，有母系社會孑遺。我佛慈悲，要度盡眾生；而且善於入鄉隨俗，與各地文化逐漸水乳交融。

佛教文化，其相容並包、隨俗變通，與中國古來文化特徵有異曲同工之妙。佛教最終在中國發揚光大，絕非偶然。不若有些宗教，唯我獨尊，將其他信仰一律斥之曰異教。它們在中國一直未能成為主流宗教，有其深刻的原因。

唯我獨尊的西方文化逞席捲全球之勢。這種文化霸權主義、語言帝國主義，最終能否一統天下？我持強烈懷疑態度。

韓國兵役

由於南北分裂的局面，韓國要與北朝鮮保持均勢，兵備不敢鬆懈。所以，法律規定，韓國男子到年齡人人都要服兵役。皇親國戚，公子闊少，任何人概莫能外。

據說，某總統的公子稱病開具假證明以逃避兵役，成一時醜聞。

民主制度究竟有什麼好？我們沒有實際體驗。但僅僅聽來，也很舒服。

圍棋名將李昌鎬、李世石，打入世界圍棋比賽的決賽，才能免除兵役。而此一特殊待遇之取得，須經過全國議會通過議案，最高法院形成法律條文。

亞洲四小龍的崛起，不僅是經濟的大發展，而有更實質的制度更新。

太極旗

但韓國人自稱，他們學習西方、走上現代化，並沒有完全拋棄傳統；在局外人看來，他們保持東方文化傳統方面，確實也比我們做得要好。

韓國國旗，中間畫一個太極，四周是八卦圖形。我特別注意了旗子的正反兩面，圖案一樣都是八卦中選了四卦，天地水火，即乾坤坎離四卦。

《封神演義》上講，商朝滅亡，紂王的兄長（一說是叔父）有微子箕子，箕子遠走朝鮮。所謂箕子，箕者，棋也。而箕，用黑白石子來表示陰陽，與伏羲八卦符號同宗同源。韓國人崇奉太極文化，不知與箕子有無淵源關係？可惜導遊懵懂，我們也沒有機會討教知情的大方之家。

泰國人出家

與韓國男子人人當兵相彷彿，泰國男子卻是人人要出家。

男子，到十四歲，一律要就近到寺院正式落髮出家。寺院裏，不僅學習佛法戒律，同時學習天文、術算、醫學等等。出家，成為青少年男子受教育的過程。一般出家三年，然後還俗，讀書成家工作。

泰國寺廟，都不起夥做飯，僧人們三餐都要外出托鉢化緣。客觀上，因為家家都有子弟在寺院，所以寺院周邊人家每餐都會多預備一點飯食。和尚們都能討得食物，而世俗人家也得到了佈施的喜悅。

既然是化緣充饑，和尚們也就不便挑揀食物，無法堅持素食。

我國牧區的喇嘛，由於當地食品結構，也只好吃肉。佛法變通，例證多多。

泰國近年，有富家子弟讀書經商忙碌，多做佈施而出家個把月的。甚至有花錢雇了替身，到寺院替代自己修行的。這樣的變通，不知如何評價。

地鋪

日本韓國，不僅吃飯用筷子，睡覺也一直是地鋪榻榻米。房間面積以「坪」為單位，正是一塊榻榻米的大小。

中國在唐代以前，恐怕也是睡地鋪。所謂臥榻之側，所謂席地而坐，有其由來。但中國人原先更善變通。有床來臥，高枕無憂，便不再堅持睡榻榻米。

古人如何席地而坐？我們還得到韓國日本去體驗。

中國古代的相撲是怎麼回事，還得請日本相撲家來表演。

地分南北，寒暑有別。南方潮濕而北地寒冷，床與炕，到底比榻榻米更適切睡臥。

韓國地處北溫帶，所以當年要在榻榻米上擺放火盆來取暖。
如今，則採用了電熱水暖等辦法。水暖，是在地鋪下敷設銅管，燒了熱水來循環。
韓國日本，女士大多腰長腿短，小腿粗壯難看，據說與祖輩自幼跪坐有關。

床前明月光

床前明月光，疑似地上霜。
給小學生講唐詩，尋常出錯。
月光或者可以照到床前，而假如是睡眠之床，臥室地下怎麼會懷疑有了白霜呢？
李白所說之床，實在是所謂胡床。可以隨處搬動，利於坐臥休息。
胡床後來發展變化，成了替代榻榻米的睡床。但那時代應該在李白之後。
我們家鄉，板凳、條凳，百姓依然稱作「床子」。

天主教的韓國

據介紹，韓國如今30％的人口依然信仰佛教，而竟有70％人口改信天主教，讓人覺得有些不可思議。

而儘管如此，霸權主義的西方文化圈，仍然將韓國劃在圈外。

大家一定都能注意到：在中國，伊斯蘭教的清真寺，其建築風格與中國廟宇基本相近。這裏當然不能排除伊斯蘭教韜光養晦、避免宗教屠戮的原因，但也體現了伊斯蘭文化與東方文化某種程度的融合。

唯有天主教的教堂，其尖頂高聳挺立，欲要刺破青天，與中國傳統古建築的雍容氣派格格不入，破壞著整個大地景觀的和諧。毫無疑問，這也完全反映出西方列強的強勢地位與骨子裏的傲慢。

四爪龍

到漢城，參觀了如今的總統府青瓦台和原先的王宮景福宮。

南韓有青瓦台，北韓有萬景台。所謂台，好比釣魚臺、鳳凰台，是帶有隆重意味的地名稱謂。

青瓦台緊靠景福宮。景福宮是朝鮮最末一個封建王朝的王宮。宮門廣場上有古裝衛隊巡行換崗的表演節目。末代李氏王朝立國於明朝初年，官兵服飾與明朝接近。王宮勤政殿前則次序立有石樁，分別刻著從「正一品」到「從九品」字樣，是當年各級官員叩拜皇上的標記處。中國的故宮，當年太和殿前舉行朝拜典禮，則是擺放銅製的「品級山」。

景福宮所以稱作王宮而不是皇宮，因為朝鮮乃中華帝國的藩屬國，只能稱王，不可稱皇。故而，朝鮮王的服飾、鑾駕雖然也裝飾了龍，但那龍僅有四爪。

與其臣服落後挨打的中國而滅亡，倒不如臣服船堅炮利的西方列強而圖強——小國圖謀自救，情勢使然。然歟非歟？

榆林民謠

到哪山，唱哪歌。老百姓說，十里之外鄉俗不同。

陝北榆林，過去是拱衛西北的邊防重鎮。駐兵戍守，商旅集結。在男性相對集中，「性市場」需求相對旺盛的條件下，青樓妓館曾經畸形繁榮。如同「小姐」隊伍中的川軍、東北軍打遍天下，往往會刺激本地姑娘起而仿效，當年榆林本地婦女不免也操持起了賣笑生涯。嫖客或者相熟的朋友，有時調侃榆林女子，說她們寡廉鮮恥而欠貞節；也許竟是幾分同情，嘆惜她們好端端的何必要做皮肉生意？

榆林女子理直氣壯反駁申辯：

榆林城，四面沙，

不賣屄讓我吃什麼？

河曲保德州

晉西北河曲保德，是山西的民歌繁盛地之一。

自清朝初年朝廷允准開邊，河曲保德緊靠內蒙，得風氣之先，大量男子走西口、闖草地。於是，就出現了「耕了人家的地、荒了自己的田」的尷尬情形。生活貧寒，婦女曠閒，民風不免疏闊，女子甚是風流。一首經典民謠這樣說：

> 河曲保德州，十年九不收。男人走口外，女人賣風流。

民間口頭段子，後兩句講得更直白：男人走口外，女人把屄賣！

建國後，有關部門「搶救」民間文化，搜集整理民歌民謠，嫌其不雅，自作主張改成了「男人走口外，女人解褲帶」。還嫌改得不過癮，乾脆變成了「男人走口外，女人挖苦菜」。

這樣的搶救，如此的擅改，無論動機多麼美好、理由多麼堂皇，令人斷然不能恭維。好比女紅衛兵干涉公雞壓蛋，「革命」得夠可以，原來是破壞自然、大煞風景。用一句俄羅斯成語來說，那是「熊的服務」。

熊的服務

借助翻譯文學，我們知道了國外也有許多精彩成語。一頭熊，見主人臉上落了一隻蒼蠅，劈面便是一掌。是為熊的服務。還有「下禮拜四的雨」，是說不可指靠的許諾。也很生動。

五台民謠

名滿天下的佛教聖地五臺山，古來僧侶眾多香火旺盛，歷史上又形成買賣牲口的傳統廟會「騾馬大會」。和尚喇嘛銀子多多，相當有錢又有氣力的「花和尚」歷來也不少。山上花和尚們要發洩多餘精力，山下百姓則盯住了和尚們的銀子。一場互通有無的交易幾乎從來沒有停止過。

廣大地區，都有為了孩子長命，認和尚做乾爹義父的古老風俗。好像魯迅就是這樣的。他寫過聲稱「和尚不娶老婆，小和尚哪裏來」那樣一個生動形象。種種相當冠冕堂皇的名堂之下，可能的情理中的一切就都發生了。
所以，五臺山一帶流傳這樣一首民謠：

坷垃壘牆牆不倒，
姑娘接客娘不惱，
和尚跳牆狗不咬。

民謠第一句，涉及建築習俗。村民壘牆，就地取材，使用些圓軲轆石頭或者乾硬土塊；土石之間夾以高粱糜黍秸稈，濕泥黏結，牆體竟是十分牢固。

處級主持炒股

好比許多群團組織都納入強勢管理，和尚們也都有了級別職稱什麼的。
五臺山若干寺廟主持方丈，聽說都比附參照幹部系列，享受處級待遇。知情者介紹，把握權力的主持相當有錢。人人都有豪華轎車，還拿出許多錢來炒股。或有閒暇，經常開車到省城來，吃大餐、進歌廳，無所不為。

穿越紅塵世界，才能抵達彼岸。如今的和尚換了修煉的法門，也未可知。

方丈喜新厭舊

一位方丈，德高望重，在政協好像還掛了什麼職銜。與一位美貌尼姑多年相好，成公開秘密。後來，那位尼姑的妹妹也來出家當尼姑，當然更加年輕美貌。老方丈不便厚此薄彼，便連妹子尼姑也超度於自家蒲團之上。得道高僧，講經說法，一領袈裟把許多風流都遮蓋嚴實了。

不料禍起蕭牆，梳理了妹妹尼姑之後，難免冷落了姐姐尼姑，姐姐吃醋，鬧開了事兒。吵架告狀、尋死覓活的，據說還鬧到政協會上。哭訴告狀，主要是告老和尚忘恩負義、喜新厭舊。

十幾年前，一位當地作家給我講述方丈故事甚悉。和尚勾搭姐妹尼姑，奇；姐姐尼姑鬧事政協會，又奇；譴責理由乃喜新厭舊，尤奇。

當今時代，天下無淨土。在在不足為奇。

刺血寫經

和尚居士，歷來有發大宏願刺血寫經者。

出家人戒律多多。不吃肉，與「不殺生」的戒條相關。而忌辛辣，據說是為了避免刺激性慾。更嚴格的，食鹽都少吃；因為食鹽利於精子的產生。寺廟裏，如果要真正實行戒律，要和尚們整日勞作、練武、唱經，壓抑、轉移大家的性慾，大約也想盡了各種辦法。

——據稱，堅持淡食的得道高僧，血液尤為鮮紅；而且刺血寫經之後，血液之鮮紅歷經千年不少變。

跑馬

民間口語，男子遺精叫做「跑馬」。

又有一說，應該是「跑碼」。各種果木，開花之後、結果之初，枝頭會出現日後結出果實的小突起。那些小突起，就叫「碼子」。

鑿刀子布

鄉下，婦女來月經，用來遮擋吸水的東西叫「騎馬布」，簡稱馬布。布頭裏邊縫製些棉花之類。人們包括婦女自身，認為馬布極其不潔。驅邪避鬼，說是簡直比烏雞黑狗血還要靈驗。

從我記事，鄉里供銷社有了月經帶子來賣。但那東西掛在店堂裏，多年無人問津。一來是不小的一項花費，二來婦女們嫌使用那樣高級玩藝兒太張揚。

我一直看見那東西像是剃頭匠鑿刀子的布條。年輕的女售貨員站櫃臺，不三不四的村中閒漢就專門調侃促狹：

餵！把你家那鑿刀子布拿來看看！

售貨員多半紅了臉，不予理睬。

長子家鼓掌

山西長子縣，縣名大有來歷。稱是堯帝長子的封地，故而得名。過去，長子縣出剃頭匠。一地風氣習染，大家自幼學習這門手藝的居多。好比河北南宮縣，是出宦官的地方。大太監李蓮英小時看見鄰居在京中當宦官，香車寶馬的好威風，上前觀賞竟遭到了磕打，於是忿而自宮，後來進京當了太監。李蓮英就是南宮人。

笑話說，長子家鼓掌，都會習慣地使右手在左手的掌心做鑿刀子的動作。

精滿自流

傳說，呂洞賓年輕時修仙學道，極盡虔誠。不料一天夜裏卻「跑了碼」，很是沮喪。覺得自己缺少慧根天賦，恐怕不是成仙的材料。快快下山，準備還俗。路上看見一口井，井水外溢。覺著神異，旁邊有人隨口道：不過井滿自流罷了。呂洞賓幡然省悟：精滿自流，乃是自然而然的事。順應自然，重新修道，終成正果。

給人家當和尚

文革對宗教的迫害荼毒，同樣堪稱浩劫。華山道士不少被逼不過，跳了絕頂懸崖。五臺山的和尚打殘鬥殺之餘，強令還俗成家。文革後，廟裏急需僧人，又四處尋找還俗和尚回來主持事務，還從周邊村莊招募徒工似的招年輕人來火速出家。條件是廟上發衣服，管飯，每月還有工資十八元。聽著誘人，後生們於是當下剃頭，立地成佛。

那時，我們上五臺山遊覽，曾與老和尚聊談他們的還俗生涯種種。新招募來的小和尚，頭皮光光，滿面憨態，分明是剛放下钁頭鋤把的農民。問他們當和尚的感想，後生家憨憨笑了，道：給人家瞎毬當哩！

說來，也是實情。可見出家人不打誑語。

出嫁帶喇嘛

五臺山極盛時，在冊僧侶曾經上萬。寺廟名頭響亮，和尚喇嘛個人有錢，廟產廟地也不少。周邊百姓，不再租種地主的地，而是租種廟地。與廟上沒有關係，還租不到地畝，想受剝削而不得。誰家要是有十七大八的姑娘，與和尚喇嘛沒有建立關係、租不到地畝、乃至不曾富起來，群眾且不會同情你。笑貧不笑娼，和當今社會風氣相彷彿。

大閨女與僧人往來，儘管頗公然、頗得意，但畢竟不能結婚成家。女孩子到時還得出嫁。保媒、說親，換帖、下定，女方一般都要向男方說明情況。一來誠實做人，醜話講在前頭；二來卻是炫耀，襯托自家女兒的身價不凡。

咱那閨女，過門的時候，可是要帶兩個喇嘛啦！

男方聽了，多數都接受，甚至喜不自禁。租種地畝、打鬧銀子，有辦法嘍！

當公公的，甚至在外面大吹大擂：咱那媳婦，好傢伙，帶著好幾個喇嘛哩！

老僧遺言

一個老和尚，將要圓寂。自知時日無多，即將赴西天極樂世界，卻並不快樂。唉聲歎氣的，有未了之心願。徒弟們小心來詢問。所謂人有斗糠之力，便有貪色之心，原來老和尚不能瞑目者，是歎息自己枉活一輩子，連個閨女家怎麼回事都不知道。

臨死昏聵，可謂亂命。但只要還有一口氣，師父說的就是法旨。徒弟們無法，只好花錢走關係，給老和尚雇來一個姑娘，春風一度，了其心願。一夜晚景不提。

滿足了師父要求，徒弟來塌前瞭解情況，看老和尚是否滿意。老僧一聲浩歎嗟吁：

唉！鬧半天和小尼姑也沒什麼差別！

和尚敲鼓

地方官與寺院主持爭究，認為食色性也，和尚不動淫心是胡說騙人。主持則堅稱佛法無邊，可以戰勝情慾心魔。拮抗辯論，難分高下。末了只好打賭，實際檢驗。

檢驗的辦法是，在和尚們褲襠那兒，一律拴一面鼓，然後要花枝招展的妓女在大家面前表演脫衣舞。看那鼓兒響也不響？

結果可想而知，定力不夠的普通和尚們，陽具漲硬，敲擊鼓面不停。眾人褲襠那裏響成一片，彷彿開了水陸道場。

和尚們面紅耳赤，地方官拈鬚微笑。不過，寺院主持那兒卻始終沒有任何響聲。老和尚定力非凡，地方官也不能說絕對勝定。

趨前去看鼓兒，人們不由咋舌：怪不得鼓兒不響，原來老和尚陽物厲害，早已捅破鼓面，多半截突入鼓腹矣！

第二輯

衛隊長

有個外國笑話，或者是中國人編的外國故事，說一位國王要外出遠征，對風流的王后不放心。皇宮不能沒有衛隊，衛隊士兵都是精壯大漢，都有可能給自己戴了綠帽子。怎麼辦呢？又不能像一般粗野的百姓，出門時將老婆的陰部縫合起來。結果花錢引進了一個高科技器械，安裝在王后的陰道口上。假如什麼人膽敢有不軌行為，高科技發揮作用，那器械會閃電也似將任何越過邊界的棒狀物一舉切斷。使木棒鐵棍來實驗，百試不爽。國王於是放心出征。

到國王出征歸來，首先召見皇宮衛隊全體成員，一律脫了褲子檢查陽具。結果，數十名士兵統統殘廢，陽具都給切掉半截多半截不等。其中唯有衛隊長褲襠裏傢伙完整齊全。國王因而大力表彰衛隊長，忠心不二，簡直就是外國的柳下惠。

衛隊長受到表彰，立正敬禮，說：射射！

——要說「謝謝」，說成「射射」，原來是舌頭被高科技切掉半截。

貞節帶

據說在非洲一些原始部落，丈夫外出時就將妻子的陰道口縫合起來，以保證生理上的絕對佔有。

在歐洲，中世紀曾經流行使用貞節帶。

中國人數千年統治壓迫婦女不遺餘力，但也沒有野蠻到那樣程度。

近年的事兒吧，報紙上披露炒作過的，東北還是哪兒的一個什麼人，自稱發明了貞節帶，還要申報專利什麼的。

我送這號人物一個名堂叫做「帶手槍的烏龜」。他大概最想如同那位國王，能得到一件高科技陰道守衛器。

眇僧入定

或者因為和尚不勞而獲，為士農工商所不齒；也許出家人口稱戒律不絕，好色貪慾行為荒唐；民間口頭文學裏，調侃出家人、拿和尚開涮的例子格外多。

《水滸》裏面，有楊雄石秀故事。楊雄打熬功夫，不好女色，偏偏娶一個年輕貌美的潘巧雲進家。自己尋常上夜班，家裏讓結義兄弟石秀來監視老婆。這麼一對兒好漢天罡星，不逼得那婆娘紅杏出牆才怪。結果，那女人與和尚裴如海勾搭成姦，禿驢和尚與風流娘子被所謂好漢開膛剖肚殘殺完事。

民間故事，說一隻跳蚤掉入女人陰道，好不容易掙扎出來。同伴問它何見之有？跳蚤說：一個光頭和尚出來進去百十回，臨了吐了一大灘。差點給嗆死、差點給淹死！

在《聊齋誌異》中，異史氏駢四儷六描寫男子同性戀雞姦過程的大段文字裏，有「眇僧入定」一語。對和尚的任意貶低、調侃乃至侮辱，與農民在一個等級。

半根蔥

和尚不吃蔥蒜辛辣，有其道理。老百姓都知道大蔥壯陽，有諺語說「半根蔥，硬一冬」。

一家男人走外歸來，用飯時老婆拿了一小截生蔥讓丈夫佐餐。做母親的嫌媳婦剝的蔥太少，在一面數落：剝了那麼一些兒！咱家又不是沒有。捨不得給誰吃，還捨不得給你男人吃！

磨磨叨叨的，說得媳婦心煩。出外面房檐下拎進一捆蔥，嗵地墩在飯桌上：

今黑夜就讓你兒把我日死吧！

兩頭拽

韓國人睡榻榻米，如今採用電暖水暖方法，過去多半也是燒炕。

我國東北，老百姓歷來睡大炕。大炕文化發達。

其實，整個北中國，老百姓當年一律睡大炕。

大炕怎麼睡？不是問的稀奇，是人們確實睡的怪哉。比如，河南山東不少地方，人們睡覺講究「兩頭拽」。

物質緊缺年代，誰家能人人有被子來蓋？於是，一張被子，至少要蓋兩個成年人。兩兄弟、兩姐妹，你我兩頭拽。朝一頭睡不成嗎？不成。因為被子布幅短而窄，人體上寬下窄，兩頭拽才能容得下。

兩頭拽結果成為一地風俗。即便是兩夫妻，乃至是新婚夫妻，也得兩頭拽。晚上怎麼折騰，沒人管；早上整理炕頭臥具，枕頭要兩頭擺開。不然，人們見了便要當場竊笑。出去四處宣揚：哎呀！人家兩口子朝一頭睡哩！發生了什麼大逆不道的事兒似的。

兩頭拽，也有的地方叫兩頭踹。

蓋繩子睡覺

一則笑話，講一家人窮苦，夜來睡覺沒有被子，全家人只好共同蓋一條繩子取暖。半夜，一個孩子凍得哭泣，嫌冷。父親責罵道：

你哭啥？身在福中不知福，給你多勻著一個繩疙瘩哩！

故事是有誇張，但也僅是稍有誇張而已。

父親給我講過，他的童年夥伴張己未，家裏沒有被子，全家人冬天蓋一條羊毛口袋。大家不能都朝炕沿這兒睡，得朝四面八方睡；上身各自蓋自己的衣服，七股八叉十來條腿，共同蓋那條毛口袋。八路軍邊區政府徵集公糧，半夜來起運，己未家的唯一的羊毛口袋也被徵集了去。

炕沿上刻碗

寧夏西海固，著名貧困地區。乾旱瘠薄，自古苦焦。合作化、農業學大寨，搞得農民瀕於赤貧。

有的農家買不起碗，或者沒有多餘的碗來摔打，就在木製的炕沿上給孩子們挖刻些坑洞來替代碗。母親舀飯，直接舀在那坑洞裏。

——參與走馬黃河的女作家唐韻，曾經親訪該地。

光腚大閨女

粉碎四人幫後，一位被打成右派二十年的老記者得以平反，重新出來工作；頭一樁工作，赴甘肅農村採訪。

甘肅若干地區之貧窮，絲毫不亞於西海固。老記者下鄉吃派飯，這家十六七的大閨女竟然沒有褲子穿！發育成熟，身材高挑的姑娘，渾身只有一件紅兜肚。女孩子害羞，背轉身子站在牆角，始終沒有回頭。記者吃了一餐飯，那姑娘就在牆角直撅撅站了一餐飯的功夫。

老記者慨歎：一餐派飯所受震撼，有勝於二十年右派生涯。

唾沫乾糧

老輩人說，災荒年裏不敢拿饅頭窩頭等乾糧上街。有人會突然搶奪而去。你把乾糧再搶回來不成嗎？那強盜早有一個計較：搶走乾糧，立刻在上面猛吐唾沫。這樣，你嫌噁心，乾糧只好任他搶去享用。

想不道，在前些年的中國，依然有這樣事件發生。

走馬黃河途中，我到甘肅東鄉縣，有縣團委書記馬英俊陪同。馬英俊親口講過他的經歷。馬英俊十三歲考上縣城中學，算是聰明。而但家裏困難，不許他讀書。過了半個學期，在和家裏作了艱苦鬥爭之後，才到中學來就讀，而學校拒收。

好不容易有位老師利用自己的唯一推薦權，幫他辦了一個走讀。考試合格，再轉正式。期末考，馬英俊以全班第一的名次得到轉正。

其時已是一九八四年，縣城重點中學的學生們竟然吃不飽。而晚自習要搞到很晚，中午省下一塊乾糧，鎖好，晚間取出充饑。為防止大孩子們搶奪，取出乾糧的瞬間，要立即在上邊吐唾沫。即便如此，大孩子照樣要搶。搶過去，撕去饃饃皮，得意地宣稱：真主啊，現在好啦！饃饃可以吃得了！

判官

我們村，我的爺爺輩，有個張先和，綽號判官。當過中央軍，打過日本鬼子。下的一手好棋，還會說書。能說《五女興唐傳》、《金鐲玉環記》等等。

判官自幼家中赤貧，後來又有「舊軍人」這樣不利身份，一直沒成家。是通根至梢沒柴禾的光棍。

小學生隨了老師檢查衛生，我去過他的家。光棍漢的家，髒亂差也罷了，奇怪的是炕上地下一概精光，好像堅壁清野過似的。火臺上一隻沙鍋，地腳一口豁邊水缸。炕上一領光板席子，絕無什麼鋪蓋枕頭之類。

我當然是見慣不驚，知道光棍爺爺怎麼睡覺。黑夜不脫褲子，脫去鞋殼當做枕頭，脫了上衣當被蓋；火炕燒得燙燙的，烙餅似的烙過了肚皮烙脊背。而我們老師卻不禁詫異了，小心來問：

老人，你的鋪蓋哩？

判官回答很幽默：哈哈，放到櫃子裏啦！

老師看看地下，還問：你的櫃子呢？

埋到地底啦！

判官的房子，多年沒有翻修，煙薰火燎的，屋頂的椽子把戲烏黑不堪，黑色的煙垢油亮有如油漆。我們老師竟然說：

老人，你這房頂是黑漆漆出來的？

判官這回不高興了，指指自己赤紅無毛的光頭，說：

依你說，我這腦袋是紅銅鍍出來的啦！

鼓掌出人命

自打八路軍開闢抗日根據地，老百姓就流傳開幾句口號。比如：八路軍的腿，工作員的嘴；共產黨的會，國民黨的稅。等等，大家耳熟能詳。

共產黨喜歡開會，開會鼓掌成為必有程式。如今開會還專門有人適時指揮大家拍手，稱作「領掌」。人們早已習以為常。

但在早先，老百姓不興鼓掌，沒見過那場面，竟有因之出了人命的。

判官弟兄四個，他老爹是個賭鬼，外帶抽大煙。乾瘦伶仃，村裏人稱「鬼架」。賣房典地，一貧如洗。到八路軍開闢工作，成了依靠對象。他老伴人稱「老太娘」的，最早擔任了村裏的婦救會主任。

主任頭回上鄉里開會，上面的工作員說了些什麼，會場上突然就響起海潮般的掌聲。山溝裏出來的老太娘，哪裏見過這個？當場便口吐白沫，驚厥在地。掐人中、扎虎口，好不容易搶救還陽。

幾十年過去，「拍手能把人拍死」，老太娘一段軼事至今在村裏流傳。

煙暖房、屁暖床

睡大炕、兩頭拽，特定居住睡眠方式必然產生特定文化。兩頭拽，被窩裏放屁怎麼辦？愛放屁的那位會說：煙暖房，屁暖床。振振有詞的。

兩位朋友，一個河南家，一個四川家，同床兩頭拽。河南家要放屁，警告對方：把被子掖緊了，要放屁啦！

河南家放屁，是腦袋伸出外面，讓臭氣在被窩裏充當熱量；四川家的方式正相反，是將屁股伸出外面放屁，腦袋蒙在被子裏躲避臭氣。今番四川朋友鑽進被窩，捂得嚴嚴實實，結果幾乎臭死了。好半晌，探出腦瓜來驚歎：

好傢伙！腦袋蒙在被窩裏都幾乎臭死，要是露出外頭，那可真是活不成啦！

貧農打針

郭達蔡明有個小品〈打針〉，看樣子是脫胎於一個文革笑話。

一位貧農老大爺上醫院打針，護士吩咐：把褲子脫了！

老大爺卻從來沒打過針，怪異醫院規矩奇特，但也只好聽從吩咐，將褲子一傢伙脫到腳脖子那裏。

護士惱火詛咒：畜生！

晉陝口音，畜生如同「出身」。問到這關節上，老大爺反應快捷，抗聲答道：貧農！

護士覺得不可理喻，不再言語，只狠狠將針頭扎下。

老大爺疼得夠嗆，末了捂著打針部位浩歎：

乖乖！多虧咱是貧農，要是地主，這一針還不給打死啦？

能文能武

有個歇後語，「被窩裏放屁——能文（聞）能武（捂）」。

一家子弟，外出學本事。帶的銀兩都花在了妓院裏。

回家後，爹娘問：我娃學了文啦？

子弟答：那東西臭的能聞？

爹娘又問：我娃學了武啦？

子弟又答：那麼大個窟窿，哪能捂住？

大木二木

這家，兄弟兩人，都有點不夠數。憨笨愣傻，發木。人稱大木、二木。晚飯喝了些清湯，睡到半夜尿急醒來。兄弟倆生活節奏一樣，老大起來撒尿，老二也正好起來小便。撒尿呢，習慣都在院裏牆角。睡得迷迷糊糊，不巧或曰正巧，老二的傢伙就插進老大的肛門裏。

大木覺得不很對勁，伸手到後邊去摸，卻摸到老二的屁股蛋子。不由詫異：

這兒光光地，什麼也沒有哇！

二木尿不出，也覺得不對勁，探手到前邊去摸，卻摸到了老大的陽具。也好生詫異：

這不尿得刷刷地嘛！

原來你在地下

一個漢子，走外多時回來。老婆卻是正住娘家，漢子就直奔丈母娘家來。

到了晚間，新婚不如久別，漢子要和老婆辦事。攏共一盤炕，老婆開始沒好意思和男人挨著睡覺；丈母娘呢也糊塗，大咧咧地睡在人家小夫妻當間。漢子掀開旁邊被子就上了身，黑燈瞎火中一通折騰。到發現鬧錯了，已然晚了。

丈母娘吃了家什，才想起自己不該睡在當間。連忙和女兒換了地界。漢子小寐片刻，又要辦事。汲取了方才教訓，跨過中間，到對面去鑽了被窩。

丈母娘沒來由地給誤傷了兩次，躺在哪兒都不得安然，看來就不能在炕上睡。於是下地摘下門板，獨自打了地鋪。漢子兩番都沒找對目標，不免悻悻。狗日的，躲到哪兒去啦？下地來小解，朦朦朧朧看見地下擺了門板，門板上有人。漢子又是高興又是生氣，一頭撲上去鑽被窩，一頭心說：

原來你在地下！

影住看不見

一家人雜居大炕，暖和熱絡，但也確有不方便之處。

這家，夫妻歲數三十以來。雖說已經有了兩個孩子，畢竟年輕，夜裏尋常要辦事。覺得孩子們睡著了，於是開始工作。待氣喘吁吁工作告一段落，卻發現小孩子眼睛明亘明亘的，竟是目不轉睛地參觀了一回。男人扯過來，掀翻屁股就打。大孩子在一旁突然歡呼起來：

打得好！他影住了我，啥也看不見！

小夥子那個硬

韓國導遊王小姐，中韓混血兒。父係祖籍瀋陽，東北口音很重。她特別喜歡我在大巴上演唱的二人臺劇目《叫大娘》，連連學唱，結果把二人臺唱成了二人轉。

二人轉我也能唱幾個段子。當場便隨口來了兩句：

小夥子那個硬啊、硬啊，硬是不講理呀！
大姑娘那個緊啊、緊啊，緊呀緊跟上呀！

東北二人轉和晉陝蒙流行的二人臺各勝擅場，風格儘管不同，卻都有許多花活兒黃段子。上面兩句唱詞，可以說不乏巧妙之處。既唱了要唱的，滿足了聽眾；又自然轉折，天衣無縫。不落把柄，規避刀斧。同行作家都說好，對付檢查官的機智值得大夥兒借鑑。

四大硬

所謂闖關東，野天野地搏命，哪有那麼多賈門賈氏、虛偽道德。二人轉說唱臺詞，以及民間口頭段子，多數涉黃。非此，不能渲染情緒，不能滿足受眾。比如四大紅、四大黑什麼的，一概都要涉黃。或者說，涉黃才是原本要突出的要點。隨便說兩個例子，以管中窺豹、可略見一斑。
四大紅：大廟的門，紅血盆；大閨女的唇，火燒雲。
四大黑：跳蚤，炕洞；鍋底，驢腎。

四大硬：鐵匠的錘，石匠的鑿；小夥子的雞巴，小鋼炮。

至於四大痛快，前三大是擂大鼓，放大屁，喊大號子。第四大，發揮想像去。

還有四大費勁，前三大是壘大堰，脫大坯，扛大麻袋。這個第四大，同樣是前一個第四大。

鹽沙女人黑臉漢

人種不同，個體天賦不等，生命力強弱自然也有不同。闖關東的搏命經歷，磨練了意志、強健了體魄，東北出體育尖子，定有這方面的緣故。性慾的強弱，也是因人而異。民間諺語這麼總結：鹽沙女人黑臉漢，做愛當緊賽吃飯。做愛，翻譯語言。老百姓口語不說做愛，也不說性交。節制生育宣傳，說到「性交」，莫說後生家，便是小媳婦，也都捂了嘴吃吃笑。心裏都明白你說的是那個辭彙。

鹽沙女人黑臉漢，是否性慾旺盛、何以性慾旺盛？須得專門機構做專門調查統計。

蠶沙

蠶沙，一般都說雀斑。麻雀身上是有許多均勻斑點，至少山西老鄉覺得那樣形容不很精當。大家說「蠶沙」。蠶姑姑吃桑葉，拉蠶屎。蠶屎也叫蠶沙，黑黑的，小米粒似的。形容雀斑，似更到位。

蠶沙，據說清涼明目。講究的人家給小孩裝枕頭，比茶葉、綠豆還上檔次。

霉穀與美國

村裏形容女人膚色黑，比喻多多。微黑的，叫黑蕎面；太黑的，叫黑草雞。我的大娘，外號就是黑草雞。

微黑而有蠶沙呢，叫做穀面窩窩。

太黑而又有蠶沙，看去更悽慘，叫做霉穀。

穀子患黑死病，穀粒發霉變黑，整個穀穗黑粒崢嶸，是為霉穀。一個女人長著這樣臉面，叫人不忍卒讀。我們村的計全奶奶綽號就叫霉穀。

晉方言，入聲最豐富。穀與國，都按入聲，同音。霉穀與美國，讀音竟是完全一樣。

本來，小孩子是不好隨便呼喊大人綽號的，但我小時，正值抗美援朝，「打敗美國野心狼」的歌子唱得震天響。每當唱到「美國」，大夥兒不由會心，頑皮笑鬧；霉穀的女兒春蓮就嘟了嘴，不出聲。

春蓮，模樣特端正，只是微黑。學生娃淘氣，叫她黑蕎面。

男人無醜相

俗話講，一白遮三醜。但這句俗話是專說女性的。白白淨淨，面如傅粉，三分可人。即便五官略有差池，也遮蓋了去。

男人要是小白臉，總是讓人想起粉頭面首同性戀，最少也是奶油評價。大白臉呢，那是奸賊。

男尊女卑的社會，對男士相貌就網開一面，說是世上男人無醜相。當然，男才女貌，你得有才學本領。

醜怪俗壞

形容女人醜陋，有個現成詞語，四個字差不多專說外形：黑蠢濁肥。

我在文章中率性發揮，添加了四個字，捎帶說品格：醜怪俗壞。

帥賣怪壞

相聲界，用四個字總結這門藝術的典型風格，或者說是成功者的特點，是為：帥賣怪壞。

帥氣，比如侯寶林；賣勁，比如馬季；怪異，不過馬三立；壞呢，姜昆多少接近。

懶饞傻笨奸

文革前，有個社會主義教育運動，提出了反修防修口號。說是窮則變，變則修。那理論倡導越窮越革命，那麼我們建設社會主義幹什麼？奪取江山幹什麼？蔣介石領導的不是很窮所以很好嗎？自相矛盾，胡說八道屁眼放炮就是了。

人們怎麼就變修了呢？有人總結出一句五字真言，叫做懶饞占貪變。由懶而饞，多占貪污，結果變質。

懷疑是從民間口語脫胎。民間形容什麼人一無是處，說是：懶饞傻笨奸。

節育環

節制生育，給婦女放環是方法之一。

村子裏，有的人家為了讓媳婦繼續生育，確實有婆婆代為上環糊弄計生工作人員的。

四個兒子，老太太陸續上過四個環子。有人逗樂子，說那是一輛奧迪。有人更逗，說再來一個，她家要開奧運會了。

大姑娘上環

農村，有的地方風氣淫靡，大姑娘懷孕者不少。懷孕了，怎麼辦？趕緊保媒提親，結婚出嫁完事。這樣事件多了，人們司空見慣。只是造成早婚早育，計生委覺得是個問題。

經研究，找出了對付的辦法。那就是給發育成熟的大姑娘一律上環。鄉村工作，簡單粗暴慣了。完成任務，強迫突擊上環的時候，支部書記帶領民兵，鬼子掃蕩似的半夜出動。衝進戶家，逮著女人就扒褲子；扒掉褲子，民兵朝兩邊劈開大腿；計生員將環子一舉放進去，揚長走人。給未婚女子上環，是否合法？老百姓受壓迫慣了，根本沒那概念。

後來，發生了給下鄉女知青也來上環的事件。女知青上告，終於才避免了民兵來劈開大腿上環的可怕遭遇。本地大姑娘，沒這樣福氣。或曰，這叫更有福氣。

十一留頭十二嫁

計劃生育、節制人口是國策，法律條文規定就是。但在宣傳上，卻一定要說早婚多育對身體不好。這樣宣傳，對老百姓沒有什麼說服力。

我父親弟兄七個，我還有兩個姑姑。祖母壽數八十，到死頭髮是黑的，牙齒一顆沒掉。我村的德元老太活了一百多歲。她生過十三個姑娘，鍥而不捨，最後才生了三個兒子。她的公公等到七十歲才見到孫子，親自背了乾糧上五臺山，求老和尚給孩子賜福取名。三個孫子，是我的爺爺輩，分別叫做佛保、僧保與禪保。

至於早婚，歷來多有。

民間諺語說：

十一留頭十二嫁，十三生個毛丫丫。

孔夫子定禮法，男子十六及冠，女子十四及笄。說的本來還是虛歲。越王勾踐為報吳國之仇，十年生聚，更號令舉國提前婚配，以快速增加人口、擴招兵員。

冬蓮

冬蓮，是我村那位黑臉「霉穀」的二女兒。剛出生，家裏就給說上了婆家。男人比她整大二十歲。

鄰村，一個賣豆腐的後生，很精幹，可惜家窮，二十歲了還沒有訂婚。男人們在飯場議論，多表同情。計全老婆霉穀剛生了個女子冬蓮，人們就拿計全老漢開玩笑：

看那後生不賴，你老婆不是剛生了個閨女？

老成些的覺得年齡差距太大，不合適。

不料計全老漢滿認真：差的不算多；我比她媽大了二十四哩！

結果，媒人往來說合，冬蓮就和那後生訂了婚。後來，冬蓮十四出嫁。

貧農爺爺地主孫

過去女子早婚，一是習俗，大家都那樣；二是家窮，需要趕緊嫁女得彩禮。

男子早婚，則必須是好家境，地主富農什麼的，才有那條件。窮苦人家，後生們打短工、扛長工，往往二十大幾才能積攢夠娶老婆的銀錢。我的父輩，大伯們都比大娘們大十幾二十歲。

結果，村子裏富人家兒子早婚，輩數間隔短，窮人家則間隔大。同姓一家村，貧農窮小子的輩分就越來越高。過年時候，地主們都是孫子輩兒，滿街都是爺爺。磕頭好比雞啄米，作揖就像搖轆轤。

共產黨來了，殺富濟貧，地主們就更加成了孫子。

十七十八力不全

中國哲學，不走極端。好比太極，來回旋轉。民間話語也是這樣，道理來回說。

提倡晚婚，老百姓偏說早婚也沒有啥壞處；要論幹活出力，大家其實承認小年青到底氣力不曾充足。完整的民諺是這樣：

十七十八力不全，
二十七八正當年，
三十七八也好漢，
四十七八就玩兒完！

過去人類壽命低，六十耳順之年，一個甲子就是一輩子。

三十無兒半輩絕

傳統社會，養兒防老、積穀防饑，沒有兒子叫做絕戶。三十歲，半輩子，還不曾得子，會很焦急。

民諺有云：三十無兒半輩絕，四十無兒一世空。

三十如狼

徐娘半老，歷來權威注釋是指三十歲的女人。「十四為君婦，羞顏尚未開」，到三十歲，恐怕已經做了婆婆、快要當奶奶了。

在男人眼裏已是半老，然而半老徐娘的性慾才開始步入旺盛期。人所共知，「三十如狼，四十如虎」，說的是女人生理現象。

民間諺語有進一步的發揮：三十如狼，四十如虎；站著吸風，坐著吸土；牆旮旯裏，能吸老鼠。

據統計，有半數以上婦女不曾體驗過性高潮。看看大小城市電線桿上的招貼，一概都是專治「萎而不舉，舉而不堅，堅而不久」廣告詞語，我們不難判斷中國男人的疲軟狀況。女人如狼似虎，也只好更加似虎如狼。

女兒十八不會弄

有那麼一首歌子，叫做什麼「辣妹子」，歌詞裏有「辣不怕、怕不辣」云云。估計是基本照搬的民間黃段子。

黃段子是介紹女人性慾各階段不同情況的，說道是：

十七十八不會弄，
二十七八不怕弄；
三十七八弄不怕，
四十七八怕不弄。

弄，鬧，幹，都是動詞。與作愛造愛做愛的作、造、做，用法一樣。

十八摸

《十八摸》，各地民間小調幾乎都有這一節目。唱詞或有變化，曲調也各不相同。

山西河曲二人臺，在名角演出正式劇目之前，剛剛學戲的小年青往往要演出一些墊場節目。好比大軸戲之前的折子戲。節目有《打櫻桃》、《掛紅燈》、《倒捲簾》、《打金錢》之類。當然，有時也唱《十八摸》。

《十八摸》，一生一旦對唱，表現少年男女情竇初開調情的內容，基本算不上什麼黃段子。比如頭一摸是這樣的：

（生：）頭一摸，摸到了妹妹的頭髮上；
（旦：）妹妹的頭髮黑又亮。
（生：）黑格整整像烏雲；
（旦：）亮格汪汪緞子樣。
（生：）揣一揣，（旦：）不叫你揣；
（生：）摸一摸，（旦：）不叫你摸。
（生：）不叫揣來（旦：）不叫摸，

（生：）哥哥我走呀！

妹妹的羞澀推拒，哥哥的糾纏要脅，少年情趣十足。最後終於摸到妹妹的腿襠那裏，節目戛然而止。

「二驢」劇團

二人臺發祥繁盛地山西河曲，計劃經濟一統天下的年代，全縣只剩了一個財政撥款的劇團。一年演不了幾場戲，演員幾乎開不出工資。

後來政策漸漸放鬆，允許民間組團，自負盈虧。結果，縣境裏一下子冒出將近二十個劇團班子。廟會集市，包括豐收慶功、祭祖賀壽、婚喪娶嫁，都要請戲班演出。無為而治，使民間文化有了復興繁榮的可能。

民間藝人樊二牛以家族班底組建的劇團，人稱二牛劇團。只要老百姓喜歡，沒有什麼人來粗暴干預，傳統劇目《兄弟掛嫂嫂》、《叫大娘》，什麼都演。人們要是哄起來，要樊二牛和他兒媳來《公公燒媳婦》，二牛局不過，有時抹下臉來也演。

有些嘴損的就說，還不如叫成「二驢劇團」哩！
我採訪過樊二牛。知道劇團管理嚴格，即便是民間藝人，藝人有藝人的道德規矩。

公公燒媳婦

公公燒媳婦，也叫扒灰。扒灰出於何典，版本不一。
二人臺劇目《公公燒媳婦》，唱的是月令，好比《表花》，要唱十二段。
既有這樣劇目存在，唱詞便也粗俗不文。比方第三段：

三月裏來，桃杏花花開，
兒媳婦坐在公爹的懷；
當胸摸住那綿奶奶，
腿襠裏摸一把摸出水水來呀，
公爹那媳婦子！

偏僻山鄉，山高皇帝遠。禮法疏闊，民風浪漫。臺上賣力演唱，台下司空見慣。

小女婿

建國初期，有一齣新戲《小女婿》，反對包辦婚姻，相當著名。

七八歲的小男孩，娶十八九的大姑娘做老婆，舊社會非常普遍。一來家裏找了一個勞動力，二來最巴望那女子早早懷孕生孩子。

當公公的如果當初也是小女婿，那麼如今不過二十出頭，與兒媳婦其實最是年貌相當。公公燒媳婦，可想而知有著極大的可能。

叫大娘

《叫大娘》也是二人臺劇目。描述一個大閨女在野外被當兵的強姦之後，歸來向鄰居大娘哭訴的過程。

二人臺、二人轉，最初都是男演員反串坤角。直到如今，演老大娘一般還得是男演員。大娘看似在一面幫腔捧哏，其實是最吃功夫的。撫慰閨女、抓攝觀眾，最見本事。

當然，歌詞多年磨練，也很精彩。隨便背誦兩段，以便奇文共欣賞。

狼吃羊，沒商量，我好比魚兒落殺網，我的大娘呀！

卡住奴家肩，壓住奴家腿，褲襠裏掏出一個灰東西，我的大娘呀！

待說像貓，沒有抓抓，待說是老鼠沒有尾巴，我的大娘呀！

粉紅脖頸，歪頭臉，當中間長了一隻眼，我的大娘呀！

頭戴帽檐盔，身穿核桃皮，足筋爆腦像個打炭錘，我的大娘呀！

杠杠一大榨，腦腦拳頭大，鬧得奴家火燒火燎雷電打，我的大娘呀！

至於曲調，亦名《叫大娘》。抗戰年代，發展變化成《騎白馬，打東洋》。

信天遊、爬山調，多是兩句頭，一般不上戲臺。上戲臺演唱，至少也是四句小調。

而四句小調，與《關關雎鳩》一脈相承。

鬧洞房　鬧明房

電視上曾經介紹過：倡導「存天理、滅人欲」的朱熹故里，貞節牌坊林立，成中華奇觀，而那裏竟然沒有一首民歌。

山西晉南，物阜民豐，傳統豐厚，禮教嚴謹，這裏也基本沒有民歌。

民歌繁盛與否，幾乎可以成為判斷一地風情教化的依憑標幟。

那麼，在相對嚴謹的禮教大防空氣下，作為自然屬性的人們，是如何獲得情緒宣洩的？青少年怎樣獲得性教育？壓抑的「力必多」有著怎樣的一種逃逸孔道？

山西各地都有鬧洞房的風俗，而以禮教嚴謹的晉南鬧房最為出格。

有的地方鬧房，抓一把五穀撒進新娘褲襠裏，亂人伸手去摸。說是摸出什麼來，什麼來年豐收。這算是夠出格了。

晉南鬧房，是「鬧明房」。晉南人習俗早婚，看熱鬧的三天無大小混擠一團，猶如群神亂搶供，七手八腳將新郎新娘一對小娃娃剝個精光，要他們當眾性交。是為鬧明房。有晉南後生從外地帶了新娘回鄉典禮，新娘不堪其辱，發誓再不到如此「野蠻地方」；因極度羞憤自殺而出了人命的也有。

禮教嚴謹風俗淳厚的晉南，鬧明房的野蠻習俗卻始終如一，至今未被革除。其中的意蘊是耐人尋味的。

風情

「自古長安多麗人」，與長安曾是開放的國際大都會有關。如今的西安，女性美的指數有多高，可以商榷。

而封閉的晉南，女孩子們實在不敢恭維。愚以為，除了封閉圈子裏的近親繁殖，造成人種退化；還有禮教的約束壓抑，也相當地不利於女性增加風情、風韻、風姿、風采。

「風」，古代民歌的別稱。

凡是民歌之鄉，禮教既已疏闊，人性得以張揚。

清初李漁周遊天下，認為邊塞之地山西大同女性最為風致。

而如今民歌之鄉河曲的女孩子，名揚三晉。

有人說，那是河曲有水。黃河水滋潤了姑娘們。晉南永濟、河津，不也靠攏黃河嗎？

莫如說，是野性的民歌、疏闊的民風滋潤了姑娘們。

大同煤、口泉炭

在山西，有一句地方民諺，說是「大同煤，口泉炭，渾源州的女人不用看」。

在陝北，也有類似民諺。什麼地方煤什麼地方炭，米脂婆姨綏德漢。

即便在我們老家盂縣，也有本縣民諺說：青城煤，蘭掌炭，寨上的閨女不用看。

那兒的姑娘，提親保媒用不著相看，隨便抓一個出來，都漂亮。

去過大同渾源州

山西渾源，境內有北嶽恒山，風光秀麗。歷史上的北魏王朝在大同平城建都，曾於渾源修築行宮。民間傳說，有宮嬪流落此地，宮禁中的化妝秘方傳入民間，包括遺傳因素，美豔了一方婦女。

而外長城在恒山山脈蜿蜒盤旋，歷朝在此多有駐軍。直到清朝，仍然有綠營兵駐紮。邊塞地帶，加之大量駐軍的雄性需求，一方民風因而疏闊浪漫。女性極為風流多情，乃至放蕩淫靡。最會體貼男人，床上侍奉功力非凡。所以民諺還說：

去過大同渾源州，
個個回家把妻休。

白丁香

渾源，地處長城一線。冬季嚴寒，春日風沙，但婦女們多數膚色白皙、面容姣好。據說與民間化妝秘方有關。配置秘方的原料，有雞蛋清，還有白丁香。

這兒所謂白丁香，或曰是麻雀糞便。不知確否。

賽腳會

野史傳言，邊鎮大同歷史上曾有傳統的「賽腳會」。

陽春天日，大同滿城婦女要在自家門首拋頭撒面，展示做工精巧、刺繡華美的弓鞋裹腳布。同時，當眾展現各自赤裸的金蓮小腳，炫耀誇比。紅鞋綠裹腳，一時琳琅滿目；尖尖玉筍，可街兩岸。有身份人家，女子們或者遮一塊布簾，只把雙腳暴露街市；一般居民，女人們搔首弄姿、丟眉使眼，盡顯風騷。

金蓮小腳，曾經是中國男人的至愛，幾乎成為中國女人的第二性器官。稱為「褻物」，不可公然示人。大同偏生有賽腳會，風氣之開放，堪稱驚世駭俗。

天下女人都一樣

老百姓，村裏人，尋常議論，說女人美醜不過是供眼目觀賞罷了。到黑夜吹滅了燈火，做愛，過性生活，天下女人都一樣。

但那只是膚淺的一重思想。為討不到天姿國色而自我寬慰。

除了美醜豔媸，單純講做愛，天下女人其實並不一樣。

臺灣的柏楊先生談女性美，曾經舉出他們老家河南的民諺來說話。他談到女性的腳的時候，套用民諺說：天下女人都一樣，只在腳上比高低。

柏楊稱，民諺說的其實不是腳，原話要直接「黃色」得多。

重門疊戶

山西人私下評價，一般都認為北路女人好。具體好在哪裏？據說那裏的婦女，陰道天生與眾不同，號稱是「重門疊戶」。究竟怎樣，不曾親試，不宜妄言。

一年，在我省原平縣大街上流覽法院佈告，有兩個賣淫女人被判刑的內容。一個，綽號「大過癮」；一個，綽號「九門簾」。懷疑九門簾，便是所謂重門疊戶了。

大過癮

我們村，歷代都有風流女人，所謂破鞋。乃至村裏開展運動，沒有右派，要拿破鞋來充數。「地富反壞右」，變成地富反壞破。

深翻密植，消滅四害，下鄉工作員都要發動一場運動。運動的慣常手段，是先拉出階級敵人來遊街示眾，以造成恐怖威懾的氣氛。地主和破鞋們被迫各自敲打了鐵鍬頭、破臉盆，在那兒自己呼喊：

打倒地主誰誰誰，深翻土地搞密植！

鬥臭破鞋某某某，消滅蒼蠅和老鼠！

小學教員在一面帶頭喊口號：

地主不死，運動不只！破鞋不臭，搞倒搞透！

我村老一代破鞋裏，有個「火車」。大概說她載人多。年輕一代裏，有個女人更風流，載人更多，老百姓辭彙有限，只好送一個綽號叫「汽車」。「汽車」，有個毛病，在性高潮到來的時候，會極度興奮，乃至昏死過去。是為大過癮。有經驗的嫖客，知道她的毛病，在身上多爬一刻，候其醒來罷了。有一次，後生豬娃初次登上「汽車」，那車輛卻玩開了大過癮。豬娃以為出了人命，跳起來就跑。那女人光屁股，四仰八叉在炕頭昏迷了幾個鐘頭。玩耍的孩童見了，奔相走告，集體免費觀賞了一回「西洋景」。

胭脂鴨梨

與「火車」同時代，我村還有破鞋綽號叫「胭脂」和「鴨梨」的。至今，村裏流傳一首小調，唱的就是鴨梨的故事。

晴著陽婆下大雨，
鴨梨嫁到紅崖底。
二喜子趕車趕得快，
差點把鴨梨甩毬壞！

比興詠賦，頗合古格。

人小本錢大

所謂千人千面。人之不同，各如其面。指紋、聲紋，面相、手相，人各不同。女性以及男性的性器官，也一定因人而異，各有不同。

大家常見的相對普遍的情況，是男子陰莖的大小，並不一定與身高成正比。小個子，或許偏生長一個大傢俱。評書《唐伯虎點秋香》裏，唐伯虎假扮一名小商販，深入閨帷賣貨調情。女士們逗弄他不過是一個小後生，小後生聲稱：別看我人兒小，本錢卻大。

民間傳說，閻王爺最早給男人們分配陽具，按人類身高分作大中小三等尺寸。具體擺放位置，本來是由高及低；但大號陽具肥重一些，幹活的小鬼偷懶，給擺反了次序，將大傢伙擺在貨架底頭，而將小陽具擺在了高頭。人們川流不息進來領取物件，大個頭多半順手領取了小陽物，小個子反倒多數拿到了大家什。

至於女性，閻王爺採取了一個省事辦法：當地朝天矗立一柄尖刀，讓大家列隊走過，刀鋒過處，給女人們劃出陰道來。結果，大個女人創口也許並不深，小個婦女反而深溝大壑。

間架不大入深深

起房蓋屋，一般都是間架與入深成比例。但也有特例，因地基四至侷限，房子間架不大，入深卻比較深。

村裏有小個子而特別能吃飯的大肚漢，或者有矮個女人生下巨型嬰兒的；人們形容這號看似反常的情況，說是「間架不大入深深」。

青樓妓館，多嬌小女子。幹那樣營生，什麼樣人物的什麼樣武器不見？二戰後，美軍佔領日本，東洋妓女對付白種黑種大漢，事實證明，應付裕如。

鳥大看鼻樑

《東周列國志》裏，講一位皇太后荒淫，覷見某大臣「鼻準豐隆」，判斷其人陽物壯偉，因而勾搭成姦穢亂後宮。

民間也有經驗之談說：鳥大看鼻樑。對仗的話語則說：陰大看嘴長。

評書描寫人物，以及大眾審美標準，男子欲其鼻樑高挺，女子則強調要櫻桃小口一點點。除了外觀審美習慣，恐怕還有潛藏的深意。

潘驢鄧小閒

《水滸》故事，王婆為西門慶和潘金蓮拉皮條，說男子要勾搭婦女須得五大條件。是為潘驢鄧小閒。第二項，說男子須有「驢兒大小的行貨」。西門慶自豪聲言：自幼調養一隻「好大龜」。

龜兒大小，多賴遺傳。

但道家養生術，說用藥以及給陽具「做操」，能夠壯大陽物。

小時，隨父親在他們搬運公司澡堂洗澡，曾見一位大爺陽物特別長大。褲襠裏彷彿長了第三條腿。他自己也嫌不雅，將陽具壓在大腿底下，但大腿外邊暴露者還有兩三寸。在兒童的眼裏，那根東西簡直有一尺來長。

澡堂服務員也覺新奇，問他：你怎麼長了那麼大個玩意兒？那位大伯滿臉痛苦，悲歎說：唉！淨是讓我家大人害苦啦！為了早婚得子，小小的給我吃藥，把一個東西長得不成人樣！

拉皮條

拉皮條，人人都懂。但原話本是「拉屄屌」。

世界之大，無奇不有，吃哪一行的都有。

不怕短粗就怕細長

男士對女士性器官有種種評價要求；平等原則，女士對男人的性器官也有評價要求。最基礎的說法是：不怕短粗，就怕細長。筷子筆桿似的，四周不著邊際，那算什麼玩意兒？不惟難以獲得快感，恐怕只會增加痛楚。

婚前搞婚檢，印象中似乎只在強調那女孩子是不是處女而不及其餘。從撮合男女使之配套利於日後婚姻美滿的良好目標考慮，這方面可做的工作多得很。

屌大妨老婆　蛋大兒孫多

卵蛋產生精子。老百姓的直觀經驗則說是「蛋大兒孫多」。暗合了科學道理。

至於陽具太大，妨害女性健康，會引發婦科病。嚴重的，影響到女人壽命。那種人，相當費女人。所以民諺總結說是「屌大妨老婆」。

當代醫院，有給太長的陽物配備墊圈的。

老百姓的傳統辦法，是縫製指頭粗細的棉布套圈，彷彿驢脖子上的套牐兒。人命關天，做愛的目的是獲得快感、遺傳後代，而不是屠殺。

三寸金

就女性立場，希望男性陽具冀其粗壯，而不欲其細長。所以有民諺云：

三寸金，四寸銀，五寸六寸不是人。

兒童不宜

以上若干段子，當然兒童不宜。

道學家儼然人面，天下己任；其實並不是只有他們關懷世風，愛護青少年。

古代聖賢早已教導我們：非禮勿視，非禮勿言。而人皆可為堯舜，最粗野不文的老百姓也懂得禮法規矩。什麼是兒童不宜，大家天然明白。什麼事不該兒童知曉，什麼話不該兒童聽聞，老百姓有自己的尺度，無須道學家饒舌多嘴。

在鄉下，自然負擔了兒童學前教育的，多半是奶奶和姥姥們。老太太給孩子們唸叨兒歌，讓孩子學習說話、熟悉音韻，那兒歌或許樸素鄙俚，卻絕對乾淨，有益無害。

我自幼的經歷，可作佐證。

古話古

一首兒歌，是教娃娃唸叨熟悉音韻的。

古話古，笑話笑，
你騎騾子我坐轎；
轎裏坐著個毛嬌嬌。[1]
毛嬌嬌不吃夜草，告給夜瓢；
夜瓢不會舀水，告給小鬼；
小鬼不會把門，告給馬棚；
馬棚不會作宅子，告給王瞎子；
王瞎子不會算卦，告給鐮把；
鐮把不會砍柴，告給吾來！

句式重複，利於兒童唸叨；其間轉換音韻，要孩子學習發音。

1 用毛茸茸的狗尾巴草編結的小人、小動物，叫做毛嬌嬌。

上圪塄台

一首，是哄孩子睡眠的。

上圪塄台，下圪塄台，
瞭見婆婆揀茬來。[1]
鑔又響，鼓又響，
十八騾騾馱箱。
馬騾含著一口水，
噴了小姐的花褲腿。
小姐小姐你不要氣，
給你殺個羯牯類。[2]
誰殺呀？

1 茬，莊禾的根鬚。可作燃料。
2 牯類：山羊。

禿妮子殺了禿腥氣，
羊妮子殺了羊腥氣。
鋪什麼？羊皮；
蓋什麼？簸箕；
枕什麼？擀杖；
蹬什麼？棒槌。
禿妮子，好睡不好睡？
軲裏軲轆正好睡！

節奏鏗鏘，音韻變換，內容也有趣。

紅公雞

一首，描寫姑娘出嫁。

紅公雞，上碾盤，
抬掇閨女不上算。
三斤豆腐二斤酒，
打發閨女上轎走。
爹也哭，娘也哭，
丈人丈母你不要哭。
你閨女，到我家，
作準叫她受不了罪。
鋪綿氈，蓋綿被，
紮花枕頭挨我睡，
小腳又蹬那銀錢櫃！

給兒童說兒歌，說到「小腳」，戛然而止。

梅豆花

一首，描寫女兒出嫁初到婆家情由。

梅豆豆花，根子裏開，
大郎喝酒二郎篩。
三郎端的菜盤來，
四郎罵我是爛奴才。
我也不是驢上馬上跌將來，
花花大轎娶將來。
看我的頭，杏花油，
看我的臉，粉眉粉眼粉蛋蛋，
看我的腳，紅鞋綠裏腳！

孩子們到七八歲，男孩女孩突然不在一起玩耍。女孩子們跳圈踢毽子，唸叨《梅豆花》，正是粉眉粉眼，一派爛漫。

白草坡

一首〈白草坡〉，好像是專為男孩子設計的。

白草坡，白草窪，
白草窪裏放白馬。
溜脫韁繩跑了馬，
一跑跑到丈人家。
丈人丈母不在家。
大兄哥推，小舅子拉，
一拉拉到他炕上。
紅油桌兒展放下，
烏木筷子四角裏撒。
掀起門簾望見她！
看她的頭，杏花油；
看她的手，尖尖梢梢挽燈簍；

看她的腳，紅鞋綠裹腳。

給小男孩描述他未來的憧憬，是那樣姣好的一個女孩子。而且，也是一旦說到金蓮小腳，戛然而止。整個意境，健康、美好，音韻漂亮、色彩絢爛。

謅經二大爺

到孩子們開始讀書上學，老奶奶們的兒歌「與時俱進」，教孩子熟悉成語俗語和《四書集句》。

〈謅經二大爺〉，說一個學童放學回家，因為忘了老師讓背誦的一句課文，害怕挨手板，吃不下飯去；家裏人都不識字，母親替兒子焦急，連忙請來隔壁的謅經二大爺。二大爺是那種村裏的能人，謅經揑戲，一肚皮詞語。從哪兒給孩子開始謅呢？二大爺摸摸鬍鬚，便從這裏說起：

湖中有水，

水中有魚。

而他每說一句，孩子都說「不是」。

二大爺也真了得，排山倒海一氣謅了下去。

魚龍變化，

畫虎不成；

成者王侯敗者賊，

賊王八，

八有佾；

驛內有眷，

圈內有豬；

諸君德，

得不到手；

手中無錢，

錢上的命；

命苦心不苦，

苦心作樂，
樂極生悲；
碑上有字，
字要成文；
文齊武不齊，
齊天大聖，
聖人君子；
子戌馬午，
伍余元卜！

謅經二大爺謅到這一句，孩子突然叫到：對了！就是這一句。

原來，先生要孩童背誦的，是《百家姓》裏的一句。

交城山

民歌〈交城山〉，相當流行。

交城的山來，交城的水，
不澆那個交城它澆了文水！

華國鋒祖籍交城，他當總書記的年代，〈交城山〉響遍全國，而且重新填詞，曲調變奏，發歡快之聲。

原詞本來是一個女子哀歎交城苦楚，調子相當悲涼。

我住大雜院的年頭，一家老奶奶在院裏逗孫子，她哼唱〈交城山〉的時候，唱出了那首民歌的原始歌頭：

貪財的那老子糊塗的娘，
把奴家嫁到了交城上山！

交城大山裏，過去極其窮苦。交通閉塞，吃食粗糲。女兒家嫁到那兒，真是苦不堪言。所以往下才會反覆悲歎種種糟糕狀況。在國人習慣歌讚家鄉的大合唱中，透露出一絲變奏、一種反常、一點反叛。

頭一回上你家

寧夏「花兒」有一首〈尕妹子的大門上浪三趟〉。其曲調被著名的《花兒與少年》做為主旋律。

山西河曲的一首民歌，反映一個後生到相好的女孩子家裏，屢次受挫的情景，也很有名。「頭一回上你家你不在，你爹他打了我兩煙袋」，大家耳熟能詳。

但這首民歌也有歌頭。對後邊的反覆詠歎，做了註腳。

歌頭是這樣的：

人們說我和你，咱們兩個好，
阿彌陀佛天爺爺，只有天知道！

三月不識「文」字

我記事的時候，村裏成年人識字的不多。隊裏分紅張榜，大家在那兒圍觀，多數人是瞎狗看星宿。場上分糧食，糧堆上插了人們的名字標牌，前來擔糧食的農漢十有八九會在那裏愣神。彷彿賣炭的丟了驢，挺著一個大架、黑虎了臉面，不知和誰過不去。

我的四大伯，是村裏有名的莊稼把式。草台班裏當紅正生，抗日戰爭初期就擔任了我們村的青抗先隊長。抗日政權號召辦夜校，要大家識字學文化。上了三個月夜校，上級小區幹部來審查。領導特別看重我四伯，著力培養的苗子，點名要他認字。黑板上寫了「文化」二字，四伯好比「洋鬼子看戲——傻了眼」。

憋出一頭汗，自己在那裏唸叨：看見面熟熟的，車梯兒似的，就是想不起來！

車梯，是大車停放時候支架車輛的部件。上邊一根橫木，下面二木交叉，儼然一個象形「文」字。

民間笑話說，一個孩子怎麼也記不住一個字，先生只好送他回家。路上看見孩子的父親，那父親抬槓道：我兒子怎麼一下子能認出我來？他見的次數多嘛！

事實上，讀書識字需要一點天賦，或者不能錯過最佳開發期。像我四伯，一個「文」

字，看見次數夠多，足夠面熟，偏生認不出，如何解釋？

我媽上面是二大爺

一家財主，請私塾先生教兒子認字。這天財主大會賓客，兼而考量先生教學成效。先生讓學生認讀一個棉被的被字，學生忘了。先生連忙提示，希望學生及時聯想起來。

你家炕上鋪的什麼？

席子！

席子上面呢？

是褥子！

褥子上面呢？

睡著我媽！

你媽上面呢？

是我二大爺！

先生想不到提示出這樣結果，只好硬了頭皮繼續進行：

你二大爺上面呢？

學生實話實說：

是我媽的兩隻腳！

第三輯

人之初

父親兄弟七位。家窮人口多，爺爺只好確定一項家庭政策：一三五讀書，二四六下苦。村裏當年只辦過冬學，請外村的老秀才來當先生。父親排行老六，本沒有機會唸書；一年因為生病，讀了一季冬學。

已是民國年代，提倡新學，發放新編民國小學課本。但老秀才還是給孩子們教「三百千」開蒙，壓根不睬什麼民國課本。老式教書方法，又不講解，只要孩子們背誦。背不來，打手板。

孩子們就自己編撰一些順口溜，發洩憤怒。

人之初，性本善；越打老子越不幹！
性相近，習相遠；知道你媽尿不遠！

諸如此類。

《三字經》裏的「曰國風，曰雅頌，號四詩，當諷詠」，大家就更加不懂。父親他們給改編成了「越颳風，越牙疼；好吃屎，擔大糞」。

見了大娘沒說的

熟人見面，沒什麼說的，沒話找話來說，十分尷尬。村裏老百姓形容這種情況，有句俗話很生動：見了大娘沒說的，「大娘大娘雞蹋呢！」

孩子在冬學唸書，大人們儘管不識字，照樣要關心子弟們的學習。和我父親年紀彷彿的鐵小，唸書最差，他二大爺偏生最愛詢問他的讀書情況。這天，鐵小放學回家，當街撞上了二大爺。二大爺果然關心他的學習，當眾就考校開了功課：

鐵小，今兒唸了句什麼書？

鐵小哪裏記得唸過什麼書？但又不敢不與二大爺搭腔，乖乖站定，衝二大爺嘻嘻一笑，指指頭上道：

二大爺，二大爺，月亮爺爺亮汪汪的在天上哩！

另一版本，說鐵小正在喝稀飯，二大爺問起讀書，鐵小嘿嘿一笑，筷子敲敲碗邊說：

二大爺，這稀飯甜甜的，是好喝！

——所答非所問，鐵小的故事成了我們村一個典故。

黑先生

孩子們當天學習一句書，一句都記不住，根本不足為奇。父親說，還有當場就忘記的。

當時，教書先生請的是鎮子上的一名老秀才，人稱黑先生。黑先生這天，教學生背誦一句三字經：大小戴，注禮記。大家背誦半天，先生要上廁所，特別警告學生張明謙，說從廁所回來就考他。明謙搖頭晃腦連連唸叨，不敢稍有鬆懈。黑先生提著褲子回來，張明謙結果當場背誦成了「一隻大，一隻小」。

父親說，黑先生臉都氣白了，要明謙張開嘴巴，哈起一口痰，給明謙唾在喉嚨裏！

黑先生穿一條老棉褲。褲子裏生了蝨子，怎麼辦呢？數九天，將褲裏子翻出來，整夜晾在院裏凍那蝨子。結果，黑先生唯一的棉褲給人偷去，在炕上光腚圍了一床被子下不了地。

種種行狀，我總懷疑黑先生的秀才身份。父親說是千真萬確。國民中心小學的校長，有時來檢查教學情況；每當這時，黑先生就讓大家將「三百千」古舊書本藏起，裝神弄鬼拿出新編教材來授課。人家在時，黑先生也恭恭敬敬；等人家一走，黑先生便鼻子裏出聲：哼！連我茅廁裏遺了的一點學問，也比他強！

國民小學書本，據父親講述，有「招手」一詞，黑先生的解釋是：手背發癢，就去「搔一搔」。蓋方言搔讀作招，秀才的解釋不知岔哪兒去了。

還有「香港是我國的領土」，黑先生竟然念成「香巷」。

文革中，山西大劇院演出革命現代戲《海港》，我們老家來人，一律唸成「海巷」。黑先生誤人子弟，一至於此。

古話說，秀才識字認半邊。信矣夫！

沙漠之「丹」

我們村，只有初級小學，四個年級三十來個大小孩子擠在一間教室裏上課。後來我才知道那叫「複式教學」。考上高小，我們要到七里以外的神泉村去唸書，稱作「跑高小」。

小學六年級，記得有一篇課文講駱駝，題目是〈沙漠之舟〉。我們的班任老師生病，教五年級的李老師給我們代過一節課，就是〈沙漠之舟〉。李老師新來，據說畢業於平定師範幼師專業，舟船之舟，她斷然念成了「丹」字。

傳統戲《蝴蝶杯》，也叫《遊龜山》，山西梆子經常演出。男主角田玉川有一句唱詞：江湖上漂來了一隻舟船。一般老百姓都會唱的。李老師即便沒看過那齣戲，她不認識的字，不會查字典嗎？

也是少不更事，我當堂指出了那個錯誤。而這卻是犯了更大的錯誤。我的操行評語上，就有了「有時驕傲自滿」這樣一句評語。

方丹

不知經過怎樣的流傳渠道，我七叔手頭竟然存有一本天主教的讀本《創世紀》。或許是老鄉當年趕集上店，得到傳教士免費散發的所謂福音書。而老百姓有「敬惜字紙」的傳統，保存了下來。

地頭飯場，大家不免扯閒篇，東扯葫蘆西扯瓢。我七叔有一次當眾賣弄，給大夥講聖經上的大洪水故事：發了大水，人家外國人不怕！人家坐上那「方丹」就走啦！

方舟說成「方丹」，大家聽得津津有味。七叔講得興致勃勃。我汲取了教訓，不敢再次驕傲自滿。

木易千秋烈

《蝴蝶杯》戲文裏，田玉川打死人命，化名逃亡。田玉川三字，添加一些筆劃，改成了「雷全州」。

楊家將故事，被俘的楊四郎則將楊字分拆，更名木易。其實，楊字分拆，是木與易。易與昜，是兩個字，不同音。大家以訛傳訛罷了。

有一年，大家去參觀代縣楊家祠堂，題字留言。我當場擬了一副對子：

木易千秋烈，
弓長一寸丹。

「一寸丹」者，是說我當場的一點心境。韓石山慣愛煞風景，說：你們張家儘是些奸賊！

司馬馮同

司馬是複姓。司馬遷遭受宮刑之後，忍辱完成偉大的《史記》。司馬後人為了避禍，將複姓拆開，改為「馮、同」兩姓。至今，司馬遷故里依然有馮同兩姓，聲稱是司馬遷後代。兩姓絕不通婚。

——據說，西漢開國勳臣韓信被殺害，家族為避禍而逃亡。並且將韓字分拆，改成「卓、韋」兩姓。

——又據說，廣西壯族多姓韋，此韋即是源於韓信後人之韋。

十個撒拉九個韓

中國青海、甘肅的少數民族撒拉族和東鄉族，最早的族群都是元朝初年成吉思汗的大軍從中亞裹挾遷徙而來。

當撒拉族的一支從中亞的撒馬爾罕地方於七百年前輾轉遷徙來到中國時，中國官員要按習慣登錄他們的姓氏。沒有中國姓氏的撒拉人靈機一動，反問道：你姓什麼？那具體負責的官員說姓韓。撒拉人就隨口回答了，你姓韓嘛我也姓韓。

結果，漸漸接受了漢姓的撒拉族，其中以韓姓者最多。

哥哥姓張弟弟王

一年到雲南中甸藏區遊覽，開同一輛計程車的司機是兄弟二人。上午，哥哥開車，介紹說姓張；下午，弟弟開車，變成姓王。

原來，藏民普通百姓，沒有姓氏者居多。強巴、格桑，名字重複的很多。上學讀書，老師一般都會給取個漢名。於是，就出現了親兄弟不同姓的怪異情況。

但藏民自己不以為怪。本來沒有姓氏觀念，老師規定姓什麼，無所謂。

女人不識數

農村文化教育缺失，至今有兒童失學。父輩當年，男孩子尚且沒有機會讀書，遑論女子。所以我們村，如果多數男人不識字，那麼就有相當部分的女人不識數。

我敬愛的祖母，調教七個兒媳、統領偌大家族的老太太，第一不認識鐘錶，第二不認識紙幣。

鄉村自古無鐘錶。男人收工、女人煮飯，看日頭。陰天怎麼辦？估計。約摸。父親孝順，曾經多次接祖母到太原來遊玩。祖母自是閒不住，扭了小腳做飯。做飯的時間，還是要到院子裏看日頭。

鄉間生活古來基本自給自足。扯布打酒，也是男人趕集上店，不興女人家拋頭撒面。婦女很少機會購物，從未經手過銀錢。況且過去使用銅錢，可以數得來個數；後來換了紙幣，花花綠綠的，女人們哪裏認得？

我四大娘能夠打煤油、割豆腐，祖母當眾是要批評的：

一個女人家，敢去割豆腐，把她張狂的！

但在私下，頗為羡慕：

看看人家，一個女人，能割回豆腐來！

三八二十五

大宗採買，人們得進城趕集。平時，則有貨郎走村串鄉，販賣些針頭線腦，方便大家。貨郎擔裏，鬆緊帶、琉璃球、五色絲線、頭繩裹腿，琳琅滿目。貨郎進村，簡直就是婦女兒童的盛大節日。即便不買東西，看一看，也高興。

我記事的年齡，建國初期，一分錢還是一百元，而且紙幣與銅錢通用。一個銅元，打一兩煤油、買一隻燒餅，和一隻雞蛋價錢相當，都算三分錢。

一個民間故事，講有個女人買線。彩線七個銅錢一綹，那女人捧了一把銅錢來，大呼小叫的：掌櫃的，買三綹兒線！三八二十五，我數得對對的！

貨郎覺得遇上了糊塗老婆，貪圖一個小錢的便宜，也不數錢，嘩啦扔進錢匣子。待會兒，那女人出來找後帳：掌櫃的，我家男人說了，三八二十四。我多給了你一個錢！

貨郎無法，只好找還女人一個錢。他卻不知道，那女人狡獪得很，一早捧來一把錢，只有二十三個。

宦官騎騸馬

形容兩頭遭罪、裏外上當、左右倒楣，民間歇後語最為生動。「老鼠鑽風箱——兩頭受氣」，「豬八戒照鏡子——裏外不是人」，比較一般。「宦官騎騸馬——雙割蛋」，則相對精彩。

其他，「割了屌蛋敬神——自己疼死了，把神也得罪了」，形容費力不討好、好心沒好報，也很恰當。

還有，「小舅子看見姐夫的毬——又是歡喜又是個愁」，形容微妙的矛盾心理，相當準確。

黑雞大娘

我的老家，偏僻山村，歷來貧困。合作化時代，光棍成群。而女孩子不論癡傻醜笨，不發愁出嫁。慣常的說法是：手把豬頭，不愁找不到廟門。

父親老弟兄七個，總算沒有打光棍的；但祖母門下七個媳婦，倒有兩三位不識數。首屈一指的，是我大娘。

大娘一是腳大。也裹腳，卻是那種玉米棒子蘿蔔腳。迎娶進門的時候，村裏三天無大小，都來圍觀。上面遮了蓋頭，大家首先要看腳。小腳妙手，那是女人惹人憐愛、看去很美之處。大娘的村子，比我們村還要山溝，沒法通大車，用一匹毛驢馱了來。人們一看那長條蘿蔔腳，嘴毒的就說：呵！還要打塌驢膀子哩！

其次，大娘臉黑。腳兒既大，大家等著挑蓋頭，看新娘的長相。結果，更加大失所望。尖刻觀眾便又說：嘿！還不如看他娘的腳哩！人們送號黑草雞，與以前的「霉穀」、「黑老鴰」區別開來。

大娘腳大臉醜也罷了，壓根不識數。村裏女人，什麼時候用得著問年齡呢？一是先生瞧病開藥方，一是選民登記。每當這時，大娘就很無奈，眼睛巴眨的，自言自語：嫁過來的時候，和他三叔同歲，誰知道這會兒吶？

選民證登記，大娘名叫王雙玉。單聽名字，與黑草雞很難聯繫在一起。

海馬

村裏老一代風流女人，比「火車」略早，有個綽號叫「海馬」的。

據說，海馬當新媳婦的時候，可謂腳小腰細，粉面烏雲，十分打眼。新媳婦人材非凡，攙她下轎的女人不可隨便草草，特別叫二嫂來服侍。二嫂長相雖不及海馬，最是一雙小腳贏人。人們一定要看個高低，結果海馬穿不上二嫂的弓鞋。

長舌婆娘們不免傳言：新媳婦千般好，一雙腳比不過二嫂！

海馬過門已經十八歲，為爭一回高低，決定重新裹腳。骨骼已然定型，怎麼辦呢？聽說，海馬竟然是用碾軲轆碾碎了腳骨！

火車的本名叫「海棠花」；海馬不知其名。

跳火盆

娶親發喪，歷來禮儀繁複，最能保全傳統文化。

娶親雖不若發喪那樣守舊，但許多儀式至今沿襲不衰。比如，要新娘下轎或下車後跳火盆，即是一例。

我女兒夫家在山東濟寧，新娘下車後要用火把繞著車子薰燃那麼一圈。

我們老家，傳統做法則是要將一個耕地鐵鏵燒到通紅，新娘邁過鐵鏵時刻，在上面澆一瓢醋。酸霧蒸騰，嗆人咳嗽不只。

跳火盆，以及與此相彷彿的種種做法，人們多半認為是祈禱紅火、吉祥，或者是逗弄新媳婦，渲染熱鬧氣氛。

我想，古老的儀式也許保全了人類遠古時代的「驅邪、祈禳」習俗：從外面部落捉一個女子來，必須進行消毒殺菌，以利本部落的健康與安全。

撒帳

過去，舉行婚禮必須有一位撒帳先生。彷彿如今的司儀，主持婚禮合乎禮儀進行，同時說一些祈禱祝福話語。〈快嘴李翠蓮記〉裏面就有撒帳先生出現，在快嘴新娘面前敗下陣來。

我記事的年代，儘管已是建國初期，號召移風易俗，但婚禮上還要請懂禮法的老人來撒帳。唸叨的詞兒很文雅，也好聽悅耳。比如新人拜堂之前，唸叨這樣幾句：

太極初分兩儀開，
周公之禮定三才。
陰陽交合乾坤義，
卻叫新人拜堂來！

鳳冠霞帔

中國衣冠古國，服飾文化極其發達。有幾種現象，發人深思。

其一，愛美的女性最能追趕服裝潮流。資訊時代，交通發達，北京流行什麼，幾乎在第二天，若干省會就立即緊步後塵流行什麼。婚紗攝影，足夠新潮，亦且洋派，而許多縣城都有影樓，偏遠山村的新婚夫婦也要鬧一張婚紗照。

其二，在特定歷史環境裏，女性服裝卻又相對保守，呈現一種恒定態勢。比如清兵入關，強迫漢人薙髮，異服改制，婦女們則堅持了傳統。所以，漢人自我安慰：我們是「男降女不降」。

少數民族服飾，也呈現女性服裝更為保持傳統那樣一種趨勢。

保持傳統，婚禮服飾相當突出。紅色的唐裝與旗袍，對抗著白色的婚紗。

在韓國，婚禮上新郎要著古代官員的官服；新娘也要穿類似誥命夫人的禮服。

建國初期，我國的新娘過門還要乘花轎，還在穿著鳳冠霞帔。

送女客

女兒出嫁，城裏新式婚姻要有伴娘，而村裏規矩要有一個「送女客」。

送女客，別稱大客人。是舉辦婚禮的男方對這位重要客人的稱謂。一般都是女孩子的大娘嬸子一輩，要夫婦健在、兒女雙全，為人正派有威信，還得見過世面懂得禮法規矩。這樣一位大客人來送親，才能顯出女家的身份派頭。

比如我祖母，尋常被本家本族邀請出任送女客。

婚禮上，坐席面的時候，送女客一定要坐在新娘的上手。這是最起碼的規矩。否則，可就出了大洋相。

在我們家鄉縣份，有一句地方特色極其鮮明的民諺。說的是：

城武村的送女客，又能吃來又能喝。

一位大娘，精幹利索，當送女客也頗懂規矩。只是一項，能吃能喝。七盤子、八碟子，吃了一個六夠。撤了席面，新郎家服侍人們洗手淨面，端上香皂和洗臉水來。送女客雖然見過世面，卻不曾見過搪瓷洋盆，更不曾見過那洋胰子。當下，又不能顯出外行山氣，於是大大咧咧說道：

親家母！這盆湯我可是喝不下了，我就吃了這疙瘩小餅餅吧！

掛家譜

城武村，離縣城五里，是個大村。或許因為這個村裏的人，本不是城裏人卻要以城裏人自居，惹人討厭，所以我們盂縣本地笑話，拿城武村來說事的不少。

有一家，不知過節還是慶壽，要掛家譜。家譜上有祖宗名號，還有開山立祖的畫像。先要在牆上砸個釘子，家譜放哪兒呢？順手夾在腿襠裏。到釘好了釘子，找不到家譜了；嘴裏不乾不淨詛咒：龜孫子長著腿啦？發現原來夾在腿襠，自己好笑：哈，真是騎著毛驢找毛驢！

掛好家譜，小孩子哭鬧，指著祖宗畫像哄孩子：看，這是娃娃！到擺上供品，孩子抓食，又急忙嚇唬：不敢，那是巴巴！

諸如此類。

盂縣城四大拗

盂縣，與壽陽、平定三縣，過去屬平定州。偏遠小縣，照例也有自己本縣驕傲的四勝八景之類。

不過，縣城周邊村寨，名稱與方位相反，首先倒有一個「四大拗」。城東有西崖底，城西有東小坪；城南有北莊，城北有南溝。

類似情況，平定則有八處之多。更稱為「八圪尥」。

圪尥，山西方言，不平整、擰麻花、彆扭、錯位，都可以形容其圪尥。

懶驢臥道

鄉下人不識字，過年也要貼對聯。對聯，請人寫了，左右句子可能貼反了，對聯本身卻很少上下倒置。因為大家看字猶如看人，頭上腳下，腿叉子都在下面哩！

這家，求教書先生寫對聯，先生欺負老鄉不識字，胡亂編些話語嘲弄人。

正房大門兩側寫的是：紅猴滿窩，豬沿一鍋。

牲口棚這兒是：老驢臥道，不吃草料。

灶王爺那裏是：你坐我站，我吃你看。

有識字的見了，告訴主家詳細。主家只是不信：這些字，黑黑的怪好看，能成了你說的那話語？

瞧先生

農村百姓，向來敬重文化，所以也格外敬重讀書人。奶奶大伯的話語裏，不過有兩種人稱作「先生」：一種，是教書的老師；一種，是看病的醫生。

建國後，我們村成立了新式小學，但老鄉們依然尊稱老師是先生。四時八節，要請先生來家裏吃飯。開學放假，隊裏要備一匹驢，差人專門接送老師。

誰家有病人，請醫生來看病，至少也要一匹驢。請醫生呢，和城裏人看病的語言彷彿，叫做「瞧先生」。瞧，在我們家鄉的話語系統裏，完全當做「請」的意思。老鄉對話，就變成這樣：

幹啥去呀？
瞧先生。
拿啥去瞧呀？
這不，拿毛驢！

先生吃餅薄如紙

民間笑話，估計是多少有點文化的人、落第秀才之類，編撰加工出來的。老百姓敬重文化人，但民間故事裏，調侃教書先生的也相當多。

先生要學生做詩，做不出，不許回家。已到吃飯時分，先生管自開始烙餅，準備開飯。學生一下子來了靈感，當下吟詩一首：

先生吃餅薄如紙，
吃到肚裏變成屎；

吃餅變屎太費事，
不如乾脆就吃屎！

雜種先生

一個私塾先生，佈置學生作對子，提的上聯是：

六尺紅綾三尺繫腰間三尺。

學生年幼，對不來。他的姐姐很聰明，有才學，隨便來了一個下聯：

一張錦被半張蓋體空半張。

先生明白學生沒這樣水準，拷問出是姐姐幫忙。這先生心猿意馬的，就想到別的地方上了。半張錦被，空了半張，莫非小姐思春？於是，琢磨一個上聯，以便探路：

山高林密叫樵夫如何下手？

學生如法炮製，央求姐姐幫忙。姐姐一看，識破先生心術，回敬一聯，表明態度：

水明沙清勸漁夫枉費心機！

先生滿腔希冀，遭一瓢冷水，不禁忿忿。又出一個上聯，有質問之意：

桃李杏果諸般鮮花到何時才開？

見先生糾纏不休，死皮賴臉，到底動氣，罵還回去：

麥黍稻粱這些雜種是什麼先生！

而已湯

《聊齋誌異》上，列舉討厭行為不可忍耐者數端。其中有「市井人作文語，秀才充文豪」。教書先生，窮酸秀才一類，口作文語，之乎者也，大概也是極其討厭。民間故事不免調侃挖苦，故事多多。

農家習慣，隔些時日要請先生來家吃飯，飯食呢要儘量精美可口。這家真心請客，讓孩子去問老師，什麼好吃家裏就給整備什麼。老師文謅謅說道：最好吃者，不過餃子而已。

孩子回家告說母親。女人便著忙：餃子咱家能做，可那「而已」是什麼東西？讓孩子趕緊到街上找他爸爸詢問。而已，究竟是個什麼？那漢子正在下棋，輸得一塌糊塗，哪有好氣？劈口說道：而已是你媽的屄！

孩子只好如實告訴給母親。女人心裏可就不滿意了：這個先生沒羞，什麼不好吃，你要吃老娘的這樣物件？

請客如期進行。飯食果然是餃子，先生吃得很滿意。臨了，上湯。孩子的媽媽尿了一泡，端將上來：好個先生，我那「而已」，可是不能讓你吃了；你就湊合喝一碗而已湯吧！

你說不如驢放屁

小倆口，生了一個兒子。要給孩子取名，互相推讓起來。漢子說：你說！老婆也說：你說！來回推讓一夜，沒個結果。於是，孩子名字就叫了個「你說」。

到二兒子出世，夫妻倆記取了教訓，約定二日天明，在大門口看見什麼，就給孩子取名什麼。也是不巧，第二天，門口正經過一匹驢子；驢子馱了重物，給壓得直放屁。有約在先，這個孩子只好叫了個「驢放屁」。

兩個孩子不覺長大，一塊到私塾讀書。這天，家裏請客，請先生來吃飯。吃飯當中，家長關心孩子學習情形，詢問究竟。老師說，都不錯。似乎二的比大的還略好些。

這家女人嘴快，介面道：看來，你說還不如驢放屁吶！

先生獨吞

課間活動，先生上街有事，責令孩子們不許離開學堂。四個調皮娃娃，哪裏聽話？一人湊了一文錢，買了一碗涼粉。調拌停當，剛要分食，看見先生歸來，只好急忙奔回學堂。先生向小販詢問清楚，結果是他白白吃掉一碗涼粉。

學生哥兒幾個好生氣惱，這天踏青時節遊山逛廟，就在山門牆壁上題字留詩，發洩胸中不滿。小娃娃家，一人湊了一句。

弟兄四人，
湊成四文；
涼粉一碗，
先生獨吞！

後邊進來一撥大孩子，讀縣裏學宮的童生，看見廟裏金剛雄偉，一時興起，也來題詩。相當高中水平，來一首七言，一人一句。

八大金剛好威風，
金盔金甲耀眼明；
腦袋就有笆斗大，
一泡稀屎一大甕！

蓋第四名學生水平較差，薛蟠似的，胡亂湊數，好在也還押韻。末了，先生踏青逛遊，信步進來廟裏。看見詩文，便要觀賞。大孩子與小娃娃們的題詩，卻湊巧上下對齊，豎排在牆上。結果，先生看得一腦門子官司：

八大金剛好威風弟兄四人，數字整差一半吶！
金盔金甲耀眼明湊成四文，盔甲也太便宜吧？
腦袋就有笆斗大大涼粉一碗，不通，不通！
一泡稀屎一大甕先生獨吞！

張飛說媒

文化程度不同，對事理的理解也各有層次不同。民間笑話〈張飛說媒〉講的就是這個。孫劉聯合，赤壁大敗曹操。為進一步鞏固聯盟，兩家乃有聯姻議題。劉備本來與曹操、孫堅同時起手創業，比孫權要長一輩。孫權擬將妹子孫尚香許配劉備，東吳方有些賜婚的意味。而劉備應允婚姻，與孫權平輩相稱，反映了劉備當時的弱勢地位，當然也可見出劉備的政治家權謀。

故事且說張飛自報奮勇，前往東吳說媒。孫尚香出生冠纓之家，本非尋常女子，要見識一下當世梟雄劉備的結義兄弟張飛。隔簾相看，張飛虎頷燕項、豹頭環眼，果然草莽英雄。但不知其胸中才學志向如何？男女不便，於是，隔簾比劃手勢啞語，要出三個題目來考校張飛。

孫尚香先兩手合攏，比劃了一個圓圈；張飛反應敏捷，立即雙臂張開，比了一個長杆。孫尚香點點頭，又伸出一根指頭；張飛當即伸出三根指頭。孫尚香最後雙手在胸前比劃了一個大圓圈，張飛突然起身拂袖而去。啞謎考核，就此完畢。

孫權在一旁不明就裏，孫尚香卻對考校結果非常滿意，向兄長解說一回。桃園弟兄，果然了得！我先說曹操「坐鎮中原」，張飛對答「直取長安」。我又說日後誰家「天下一統」？張飛對答如今形勢已成「鼎立三分」。最後我說吳國周郎「滿腹韜略」，張飛對答不及他家諸葛「袖內乾坤」。武夫張飛尚且如此，劉備英雄絕非浪得虛名。兩家婚事，一舉敲定。

張飛出馬說媒，想不到圓滿成功。兄長劉備便來詢問究竟。對於事情的結果，其實也出乎張飛的預料。兄長問及，只好實話實說。說媒嘛，很簡單。與那孫尚香隔簾打一回啞謎罷啦！她比劃她們吳國的油糕有那麼大，我回敬說我們蜀國的麻糖有這麼長！她說我一頓一隻可夠？我說起碼得三隻。最後她說要給我帶那麼一筐，咱老張回答她說不稀罕！就這，完啦！

事情難道真的會是這樣荒唐無稽嗎？劉備不信，轉頭來問張飛的隨從小兵。小兵汗流浹背，叩頭不起，連稱死罪不敢實說。劉備說，饒你不死，快快講來！

小兵只好復述道：那孫夫人比劃她底下那窟窿有那麼大，我家三爺就告說萬歲爺你的傢俱有這麼長！孫夫人問一夜能不能來一回？我家三爺說萬歲來三回都不含糊！最後，孫夫人大膽，要摟著三爺當下試驗，我家三爺不幹，還罵了一句，「真是個齷齪屄！」

清和橋

民間笑話，不乏調侃教書先生的，也不乏貶損出家和尚的。有的笑話，將和尚與先生一齊拿來開涮。

有座清和橋。一個和尚與一個舉子交好，這天在橋上看見一名女子在橋下洗衣，一塊動了調戲婦女的邪念。

和尚當先出馬，謅了幾句：清和橋的清，去水加爭變成靜；靜靜的師院人人愛，我這裏招手你就來。

女子不睬，舉人接著賣弄：清和橋的和，去口加斗變成科；科場的舉子人人愛，我這裏招手你就來。

洗衣女子卻也有文才，這時一併回敬道：清和橋的橋，去木加女變成嬌；嬌嬌女子人人愛——和尚與舉子只等下句了，那女子卻添加了兩句詞兒——女子天生一對奶，左奶奶和尚，右奶奶秀才，我這裏招手你就來！

簡單文字遊戲，看來是落第秀才之輩的作品。但講與粗通文字的學童，或者可在遊戲中稍能獲益。

趣味數學

家父記憶力驚人，歷年給我講述過無數民間故事與笑話。還有簡單字謎、趣味數學等等。在學齡前，給我已經灌輸了相當多的民間把戲。

一進門，就上炕，席子比炕長一丈。因為席子長，所以雙鋪上，炕又比席子長一丈。問席子幾丈炕几丈？

門前一畝麻，一步九根茬；三根摘一兩，共摘幾兩麻？

一畝是六十方丈。民間說法一畝二百四十步。兩邁等於一步，合五市尺。這些知識，得益父親的趣味數學，我在三四歲就掌握了。

父親教我學會「雞兔同籠」之後，給我講過另一個類似題目。

從南漂來一隻船，不知蛤蟆不知蟾；頭顱數了三千六，腿腳數下一萬三。幾隻蛤蟆幾隻蟾？

蟾，說是三條腿。那是一種什麼奇異的動物呢？它原來只在民間故事中存在。

學過「韓信點兵」、「韓信立馬分油」之後，父親還給我講過一個比較高難的題目。一斤酒，十六兩，分裝兩隻半斤瓶子。只有一個酒杯，容量三兩。四個人平均來喝，如何每人公平喝到四兩酒？來回斟酌，大約要二十一步程式。

建國初期，蘇聯老大哥支援中國，據說援助總量平均一個中國人達一兩黃金。所以，父親給我說過一道數學題：七萬萬兩黃金，折成四四方方一墩。問這個四方墩子的邊長。直到讀了高中，知道了黃金的比重是一九點三，我才解出了那道題。

民間字謎

學齡前，父親給我講過幾十個字謎。因為有趣，我至今記憶猶新。難為他半文盲一個，扛麻袋的苦力，依靠博聞強記，腦袋裏裝了許多雜學。

比如：謎面劉備大哭，劉邦大笑。哭笑皆因羽卒，謎底是個翠字。

謎面兩個瓜子，打一古國名。「兩個」是竹字，「瓜子」是孤字，謎底是孤竹國。伯夷、叔齊不食周粟，餓死首陽山，這兄弟兩個即孤竹國人。

拆解謎語，同時學習了一點歷史知識。

還有一個安徽的徽字，謎面就是一齣《西厢》故事。

西廂待月一寺空，

張生普救去求同；
崔夫人不見佳人面，
大罵紅娘不用功。

繁體字，野獸的獸字，謎面是這樣：一家七口，種田一畝；人吃不夠，還要餵狗。趣味盎然中，我學習了不少生字，同時掌握了多種猜字謎的方法。

春夏秋冬四個字，是合成法。

三人同日去觀花，
百友原來是一家；
禾火二人對馬坐，
夕陽橋下一對瓜。

三寸金蓮四個字，則是拆減法。

春天人走日高飛，
村中樹木化成灰；

鎮殿將軍無真印，
運糧官兒不戴盔。

鄉間謎語

兒童時代，奶奶姥姥給我唸叨過許多古來流傳的鄉間謎語。淺陋直白，未見高深，但多是猜測農家身邊物事，十分樸實有趣。

一個老漢貼牆睡，揪住胡才問幾歲？謎底是秤。
紅公雞，綠尾巴，逮不住，拍不殺。謎底是火焰。
小豬子不吃糠，照屁股打一槍。謎底是鎖子。
奇怪真奇怪，腸子繞在肚皮外。謎底是轆轤。
銅盆扣銅盆，裏邊扣著四條龍。謎底是核桃。
遠看一匹馬，近看一身疤；肚裏吐嚕轉，嘴裏吐黃沙。謎底是打場的扇車。
諸如此類，趣味盎然。
有的，還相對文雅些。

天上飛禽滿嘴牙，地下走獸沒尾巴，山上長著無葉樹，地裏生出沒籽瓜。打四種東西。謎底是蝙蝠、青蛙、蘑菇和土豆。

河有腰帶，水有脆骨；謎底是橋和冰。早起山戴帽，黃昏日披紗。謎底是霧和霞。

一個謎語，說鄉下的石磨，特別形象。

雷轟轟不雨，石崇崇不山；路遙遙不遠，白茫茫不雪。

麻子和近視眼

人不可嘲弄不幸殘疾的同類。

但民間笑話卻打破了這個禁忌。這是一種人類的自我調侃，是一點幽默。

笑話有調侃麻子的，也有調侃近視眼的。一個小笑話，把麻子和近視眼捉將一起來。

一個麻子，閒了無事，在那兒曬太陽。近視眼逛過來，朦朦朧朧看見了什麼，細瞅一番，說：誰家這兒掛了一把笊籬。

麻子火了，「呸」地啐了一口。

近視眼抹抹臉，恍然大悟：喔，原來是一把噴壺！

近覷眼

農村過去讀書人少，後天近視的幾乎沒有。先天遺傳的近視眼，近視程度非常厲害。男人鋤苗，絕對分不清苗子和青草，更不要說穀子與稗子了。女人做針黹，眼睛都要湊到針尖附近。所以，村裏把近視眼特別稱作近覷眼。

我村爺爺輩，有個張四槐，就是近覷眼。近覷到什麼程度呢？有關於他的順口溜為證：

四槐子，眼不好，屎蛋看成馬皮脬。

屎蛋，指屁股蛋子。馬皮脬，是山裏一種菌類，又白又圓，有羅鍋大小。採摘回來，如同蘑菇一樣，可以食用。到了冬天，馬皮脬外觀變黃，而裏邊完全變成乾粉。一腳踩住，煙霧飛騰。用來止血最為有效。

孩子們在山裏採蘑菇，一位夥伴到一面大便，屁股白晃晃的，四槐就看錯了，高興地大喊：

好傢伙，這麼大個馬皮脬！

紅鞋看成辣角子

民間順口溜，形容近覷眼就更加誇張，說是：

紅鞋看成辣角子，屁眼看成捏缽子，陰戶看成風裂子。

婦女弓鞋多紅色，形狀倒也幾分像辣椒。山西麵食，有一種河撈。麵團，用河撈床子壓製而成。小戶人家，不用河撈床子，用一種小型工具一樣吃河撈，那工具叫「捏缽子」。把大便過程看成是捏缽子，簡直不成話了。天冷，皮膚開裂，是為風裂子。風裂子儘管開綻血紅，比作陰戶，更加不成話。人們那麼說著好玩罷啦。

賣麻糖

一個謎語，是說大便的。男孩子們經常唸叨了捉弄夥伴。

四面四堵牆，上頭開天窗；玎玲撲通賣麻糖，你要猜中了嚐一嚐。

近視眼開鎖

有個故事，專說近視眼的。

一個漢子，近視。自己回家開鎖，因為要瞅鎖眼，湊得太近，結果將眉毛捅進鎖眼，給夾住了。隔壁鄰居過來幫忙，不幸鄰居也近視，將漢子的鼻孔當成了鎖眼。一氣亂捅，把個漢子給捅死了。

出了人命，地保裏正當即報官。縣太爺立刻開堂審案。鄰居害怕頂罪，當時狡辯說，不是自己捅死漢子的；是漢子自己夾住眉毛，天冷給凍死的。

大老爺大怒，並非冬天，如何凍死了人？分明胡說狡賴！提筆就要定案，將一個筆頭甩掉了。命令手下衙役趕快尋找，衙役也是近視眼，從地下揀起一個棗核，急忙遞給老爺。

老爺原來也近視，拿著棗核，恍然大悟：看來這天氣是冷，這麼一會兒，老爺的筆頭都給凍硬了！

疤子

山西方言，百姓口語，叫麻子是疤子。患天花，民間說是害痘子。這個痘字，說明天花斑點的大小有如豆粒，而不像麻點。

據說，我的爺爺是個麻子。他小名叫占義，所以人稱「疤占義」。我的奶奶，我的大伯，也是麻子。大伯小名金穗，人稱「疤金穗」。大伯是長子，家裏看得更隆重些，他出生時還拜了一門乾親義父。他的義兄，不幸也是個麻子，小名乾脆就叫「疤小子」。

天花作害，曾經極其猖獗。當今的孩子們，沒見過婦女的小腳，也沒見過麻子。何為三寸金蓮，何為麻子疤子，恐怕還得配圖片、加註釋。而小腳與麻子的消失，實在是時代的進步。

魯迅先生感慨：人們能記住焚書的秦始皇、燒阿房宮的項羽，能記住殺人如麻的拿破崙、希特勒，卻沒有多少人能記得發明天花疫苗的隋那。

後人而復後人，依然感慨。

小名

曹操小名阿瞞，後主劉禪小名阿斗。這兒的阿字，係阿房宮之阿。並非阿貓阿狗之阿。曹操劉禪，大約都是排行老大。後來，北方人取名，不再青睞這個阿字。莫非中原文化幾次南遷，將「阿」字帶走了嗎？

鄉間給孩子取小名，看去要比城裏隨便。但在事實上，往往頗有深意。有些電視劇，給劇中人取名「山妹子」、「山伢子」，一看就是缺乏生活依據的編造。

鄉間人給男孩子取小名，一是直接表現親昵。阿毛、親狗、小牛、娘肉等等，表達情感相當直捷。

一是故意輕賤，閻王小鬼都不重視，因而能夠長命。屎鍋、尿壺、笨兒、憨貨之類，不一而足。

我們村，早年有五十八、六十一。那數字是他出生時爺爺的年齡。大孩子叫六十一，往下就是六十二，一直排到六十八。還有，大哥是七十五，弟弟乾脆圖省事就叫二七十五。正式場合登記名字，則是張二七十五。

我的本族爺爺輩，兄弟倆，一個叫鱉小子，一個叫老王八。老王八爺爺的幾個孩子，和我是同學，老師問起他們是誰家孩子，臉紅得要破，只是不肯言語。

還有不稀罕、不待見，三家保、仙家保，拴住、綁住、死不了。至於女孩子，叫桃花、香果、翠鳳、粉蓮的，特別多。城裏人聽著俗氣，她們自己卻覺得很美。

還有叫拖弟、拉弟、引弟、變弟的，希望下一個孩子能是男孩。叫反桃、反蓮、反英、反秀，也是同樣的意思。

這個反字，轉而波及男孩子取名。村裏於是有反東、反林、反社、反民等等人物。文化大革命當中，那簡直就是一個反黨反社會主義反革命的「三反分子」集團。

偏鍋五

過去生育無節制，部隊首長的孩子叫「小五、小六」的挺多。

鄉下人執意要養兒防老，從王大女、王二女，一直生到王八女，依然奮鬥不止。在舊社會，人們沒有節育的辦法，女人都要生養到絕經為止。所以有俗話說：「五十五，還要養個門蹲虎」。直到今年歌手全國電視大賽上，一名四川籍的獲獎者還特別動情地聲明：他是母親五十歲才生下的。

家家孩子多，那麼一個村裏，名字都叫五牛、五貨的肯定不少，怎麼區分呢？老百姓自有辦法。如果這個五貨是個疤子，大家就叫他「疤五」；如果是駝鍋，就叫「鍋五」。

但行五而鍋者，不只一位，又怎麼辦？

也好辦。我的五大爺，少年時代住過鞋鋪，因為專門綃鞋紮鞋底，脊背上養了一隻好大羅鍋，而且是偏在一邊。所以人們更叫他是「偏鍋五」。

官碓臼

老年間，村子裏的公共財產，大家公有共用者，往往冠以一個「官」字。比如官碾、官井，官槐樹、官碓臼等等。

所謂碓臼，是最古老的加工糧食的物件。一塊石頭，中間打製出圓形深坑，是為臼；一根木棒，前頭安裝一隻圓形石頭，是為杵。歷史上名叫杵臼者不少。比如《趙氏孤兒》中的公孫杵臼。

村裏的風流女人，與多人濫交，彷彿那麼一隻坑洞，誰都可以來任意搗砸，簡直就是一隻官碓臼。

且說我五大爺，身小力薄，還是偏背鍋，人材本不出眾；或者因為在外面做事，竟然討得一房風流娘子姓崔名千金。崔千金的風騷，超乎尋常破鞋。結交男朋友人數之眾多，不可勝計。不分老幼、無論親疏，幾乎可以給任何男人脫褲子。村裏最能取綽號的把式也不禁口拙技窮，無以名之，只好套用一個普通說法，叫她官碓臼。

我在村裏讀小學的時候，崔千金不過二十出頭，家裏每天都有些光棍跑腿子和年輕後生出沒。她自己的說法是，一天不經生猛壯漢收拾，心癢難熬。

後來，聽說本省電臺當年有位播音員作風靡爛，據稱患有「青春衝動症」。「官碓臼」之類，大約也是患有此類病症。食色性也，她或者它，總也吃不飽，有什麼奈何呢？

「十七個、十七個」數核桃

奶奶七個媳婦，至少有兩三位不識數。其中就有風流的崔千金。

她家有一棵自留樹，是核桃樹。秋天打下核桃，準備給本家每戶各送一百個。然而數了一上午，數出一頭汗，都沒有數出一份來。正巧我放學路過，要我幫忙。崔千金風流與否，到底是我的大娘輩，這樣簡單的事情，立刻完成。

她簡直驚異極了：呀呀咦？你咋數來，一忽忽就數出來？這有什麼呢？不過一五一十數來就是。而她告訴我：俺們是十七個、十七個的數來！今番，是我驚異極了！她腦袋裏怎麼能冒出那樣匪夷所思的計算方法來的呢？

在一個孩子的眼裏，她不僅不識數，而且也並不漂亮。厚厚的嘴唇，臉上抹了好多粉，領口那兒現著一截黃色脖頸。然而，這些都絲毫不影響她是一隻著名的官碓臼。

專治色瘋

從部隊復員回到太原，我在蒸汽機車上當過八年司爐。開車的老師傅們，和我父親年齡相當，都是舊社會過來的。一趟票車跑下來，下館子、逛窯子，有過些經歷，見過些世面。

師傅們給我說，他們還是當司爐的時候，機務段有個副司機大劉，非常出名。什麼出名？天生一根大陽具。據說硬將起來，能一順擺開七根半火柴。而且堅硬強悍，用那家什挑著一個鑌鐵茶壺，一邊燒火，能燒一站地。冬天，棉褲遮醜還不顯什麼；到夏天，褲腿裏好像吊了一支三截手電筒。大劉也嫌不雅，就將傢俱朝天掖在褲腰帶上。

那時跑票車，北同蒲到大同、南同蒲到運城，開車的都要帶領夥計們上妓院開心樂和。風氣如此，好像非此不足以表現開火車的派頭。大劉只要逛過哪個妓院一次，再要出現，姑娘們便都躲虎狼似的躲他。因為即便是賣淫為業的女人，也受不了他那超常的武器攻擊。

妓院老闆沒法子，只好拿出十塊八塊的銀元請他到別家去消費。大劉不幹：好嘛，開飯館還嫌大肚漢啦？我拿一根雞巴訛你的錢來啦？我不要你的錢，我有錢！看人下菜，你寒磣人嘛！

看那樣子，捍衛消費者權益的鬥士似的。

妓院打發不了，最後只好老闆娘親自出馬伺候。而即便是閱人無數的老闆娘，服侍大劉一回，也得臥床半拉月。

當時，晉南一位當紅蒲劇坤角突然犯病，得了色瘋。脫光衣服四處狂奔，臉色通紅、眼神癡呆，自己拍打著陰部吼叫：誰來操我呀！快點來操呀！諸如此類，十分不堪。夥計們就和大劉開玩笑：那女人色瘋成那樣，你不興幹她一下？大劉卻是有些二愣頭，真個接腔道：我就幹狗日的一下！

結果簡直是出人意料，那著名坤角被大劉猛幹一回，眼神清澈了、臉色正常了，色瘋竟然痊癒了！

坤角重新登臺。名演員依然叫座。而大劉一幫開車燒火的，進戲園子從此如履平地。

——老師傅們說笑，大劉褲襠裏帶著通行證哩！

蒲劇名角誰人？姑隱其名。

秦始皇的母親與繆毐後宮通姦，《東周列國志》講繆毐天生壯偉，將車輪套上陽具，旋轉車輪如飛而其陽不傷。或果有其事。

大雞巴協會

前幾年，有個別作者調入山西文學院。文學院專業作家名額有限，能夠佔用這樣一個名額，也算創作有所小成。但其人秉性傲慢，竟然目空一切。文學院藏龍臥虎，名家不知凡幾，個個謙虛做人。滿瓶醋原來並不逛蕩。

當時，我就講一個「大雞巴協會」故事，有所諷喻。

一個後生，天生巨物，又著意餵養，襠底傢俱突飛猛進的長了尺餘長短。周圍人們誇讚，自己也不由沾沾。躍躍欲試，想申請參加大雞巴協會。揣了幾分小心，又懷著若干自信，前來毛遂自薦，必欲一戰功成。

不料，被門房擋駕。協會老門衛識人多矣，冷眼看看後生，根本不許進入機關大院半步。後生仔，這樣地方，是任誰都能隨便來的嗎？你也太不自量啦！後生不服，解開褲襠要門房驗看本錢。如果沒有金剛鑽，小可哪裏敢攬瓷器活？

門房老漢斜睨一眼，微微冷笑了，稍微提起幾寸褲腳，腳脖子那兒露出一隻垂吊的龜頭：後生，不要現眼啦，快點收起吧！像老漢我這樣的，還在這兒給人家看大門哩！

後生嗒然若喪，自己真是井底之蛙；今番終於明白，這兒何以要掛「大雞巴協會」的招牌。參加協會看來無望，向門衛大爺一再懇告，希望能進機關拜見協會主席。開闊一回眼界，也不枉多年仰慕追隨之情。

言詞懇切。門房感其真誠，破例放行。後生依照指示，朝聖一般進入機關，小心翼翼上了二樓，辦公室內見到了協會主席。坦誠說明來意，一定要見識主席的家什，開解心中懸想、實證外界種種傳言。

協會主席心情正好，問後生道：你怎麼上來的呀？

後生如實回答，沿樓梯上來。主席微笑說：

那麼，你沒有注意樓梯扶手嗎？

後生半晌矯舌不下。

回到門房這廂，將要告辭，又問最後一個問題：主席已然見識過了，聽說協會前任領導離休在家，老領導的本錢一定更加不凡了？

門衛老漢滿臉現出恭敬，給後生指指住宅區方向：你沒注意嗎？現在集中供熱，宿舍小區哪裏還有煙囪？那就是老領導的成名作品、看家寶貝哪！

禿短圓粗硬

男女性器的差別是客觀存在的。對於性器的好壞優劣評判也是極其現實的。但是，評價的標準很難量化。況且，一個蘿蔔一個坑，適宜此一物件者，也許並不適宜彼一物件。這只能是一個相對的話題，邊界相當模糊。

老百姓千百年來的經驗之談，認為好的或者比較好的男性器官，其形狀或曰勃起後的狀態應該有五大標準：禿短圓粗硬。

反之，則是尖長扁細軟。

情況是否一定如此？需要女性來說話。需要開展一項科學規範的調查。

冰大淺臭乾

對於女性的性器官，老百姓判斷其好壞也有五大標準。

言其好，應該是：熱小深香水。溫度、口徑、深度、氣味和潤滑度，缺一不可。

相反，那麼就是冰大淺臭乾。

鄉下漢子背後貶低某某女人，說那是一個「冰大淺臭乾」，那幾乎是最要命的一種評價了。

男怕西瓜女怕梨

評書戲劇，都有這樣的情節：某某書生與某某小姐一夜風流，書生由於缺乏經驗，同房後焦渴燥熱，不慎喝了一口冷水或者吃了什麼生冷，於是立即發病、乃至出現生命危險。

老百姓的口頭禪則是：男怕西瓜女怕梨。當然，這更是傳統中醫的講究。

西方人好像並不講究這些，而他們也都活得很好。

中醫有許多講究相當神秘，醫生也是只知其然而不知其所以然。但那講究往往是經驗之談，神秘的不一定就是非科學的。

比如，傷筋動骨一百日，中醫是不贊成在這期間行房的。即便是皮外傷，不曾同房而傷口結痂，最終的傷痕是紅色的；反之，傷痕將是烏黑青紫。

本人年輕時候喜歡中國式摔跤，皮膚擦傷和小腿迎面骨那兒被踢傷的次數不少。傷痕痊癒後的色彩，一如所說。

天癸

中國著名的高空走鋼絲運動藝術家阿迪力，出身於新疆一個達瓦茲藝人世家。阿迪力在中央電視臺的節目中自我介紹，他是父親高齡七十二歲時的老生子。

男士的性功能到底能延續到多大歲數，恐怕也是因人而異。

夫子定禮，女子十四及笄。二七之年，女子月經初潮，所謂天癸已至。婦女絕經在七七之年。當然，絕經之後並不標誌性需求的消失。

男子十六及冠，在二八之年。或曰，男子也有天癸。天癸絕，當在八八之年。

拐毛驢

話說村裏有個風流女人，一條腿微瘸，人稱「拐毛驢」。拐毛驢風騷一世，結交朋友眾多，見識過各種鐵打的好漢。到得晚年，五十以來，門前冷落，自己也漸漸收心縮手。有意洗心革面，嫁一個老光棍，也好安度餘年。

周邊村莊，拐毛驢名聲在外，且是沒有什麼人敢討她做老婆。拐毛驢自己呢，畢竟一輩子賣大炕，喜歡那樣營生，還總想物色一個年齡儘管不小而床上功夫依然寶刀不老的對象。兩下裏挑剔，一時不能如願。

也算有心人天不負、有志者事竟成，聽說遠處某村有某某老漢，六十出頭，身體尚好，也正託人說媒續弦。當下一拍即合。拐毛驢和那老漢玩兒起了夕陽紅、二度春。兩人相隨了，到公社民政員那裏還正式登記一回，堂皇領回結婚證。

不料，那老漢果然身體好，而且是太好，新婚合巹之夜挺槍躍馬一再衝殺死戰不退。久經考驗、百戰不殆的拐毛驢，竟被打敗、打垮乃至幾乎打死。

第二天清晨，早已柳敗花殘此刻大敗虧輸潰不成軍的拐毛驢，拐了腿腳跑反逃難似的，趕奔人民公社去打離婚。拐腿在街面上敲出鼓點，嘴裏呼天搶地叫屈連連：

這不叫結婚，這是生生要人的命哩！

七五哥

一戶農民，兩口子生活，本來波瀾不驚，平凡度日。上頭突然來了下鄉工作隊，這家女人就和工作員勾搭相好上了。相好也罷了，興男人跳牆頭、能不許女人賣風流嗎？況且，農民也惹不得工作隊，那家漢子也只好忍氣吞聲。或者村裏有傳言種種，漢子臉上不紅不綠的，甚至現出幾分驕傲來：我老婆勾上了工作隊！工作隊看上了我老婆！

不曾想，老婆和工作隊來了真格的。兩人打得火熱，火熱中幾乎就產生了叫做愛情的那樣把戲。結果，老婆上縣城司法科公然要和漢子打離婚。大凡女人動了外心，九牛不能拉回頭的。離婚緣由，也說的惡毒，說是她漢子那話兒短小不夠尺寸云云。而一般男士，到此刻不離婚也要離婚了。女人拿出隱私來寒磣人的時節，光景是實在不能湊合了。捆綁不得成夫妻，老百姓明白這自古而然的道理。

不過，工作員勾搭老百姓女人也罷了，發展到破壞別家婚姻的地步，輿論便少了同情。再者，那家漢子性格也極其認真。女人告發別的也算，告法官說自己雞巴尺寸不夠，這不往人眼裏揉沙子嘛！自己襠底一個物件，自己清楚不過。在地頭大便，腳底也是要挖壕溝的；不然，雞巴頭子就會拖到地下。萬一沾了泥土，得趕緊揪起來，嘴裏連連吹氣，清潔一回。與周圍夥計們相比，本人傢伙不能算短小呀？

法庭上，於是唇槍舌劍，控方辯方各不相讓。法官也還公正，並不偏袒工作隊；並且負責，既然因為雞巴尺寸爭論不休，決定立即取證。法院附近就是醫院，馬上讓法警帶那漢子過去驗明正身。不一刻，有龍飛鳳舞簽字的醫生證明拿回法庭。

法官一看證明材料，臉色馬上嚴肅了，衝那女人拍案質問道：

七寸五的傢俱不夠用，你要多來大哩？

——婚自然沒有離成。這家漢子從此卻得了個「七五哥」的綽號。隊長喊人下地，路過門首就呼叫：七五哥，今天鋤玉米啦！漢子應聲扛一柄鋤頭出門，不比別人快，卻也不比別人慢。

木碟

七五哥綽號叫響前後，木碟的外號早已聲名大噪，傳揚到十來多里以外。

所謂木碟，是他的陽具生的怪異。一根杆子，筆管粗細，前邊一隻龜頭圓大扁寬。整個形象宛如傘狀蘑菇，單說那龜頭，則好比敬神擺放供品的木碟。

木碟東西生的怪，可照樣要娶妻生子。頭一回，新娘子受不了他那奇門兵刃，半夜裏跳起來給跑了。媒婆說合、中人調停，媳婦死活不肯就範。結果離婚了事。

木碟家裏二次為他張羅婚事，可就採取了警備監控種種措施。村裏民兵隊，多是本家弟兄，在新房外執勤放哨，不是防備鬼子進村，而是阻攔那新娘子逃跑。果然不出所料，新娘鬼哭神嚎的，奪門逃出，民兵如狼似虎，給生生捉拿回去。

木碟的婚姻也就那麼著維持了下來。

女人給他照例生兒育女，做茶打飯。只是夫妻生活從來沒有絲毫快感，有的只是忍受酷刑一般的痛苦。那女人有時給妯娌姐妹們訴苦，說轉生一個女人家真是不幸，日每天天遭受的什麼罪過！

女人們難免吹起枕頭風，村人鄰里莊稼漢們同情那女人，便在地頭數落木碟：

木碟子，你他娘的真不像話！老婆和你過成了一家人，你不能對老婆疼愛體貼些，耍什麼惡煞？

木碟卻一肚皮委屈：咱長了那麼個玩意兒，筆桿桿挑著一隻木碟，哪裏敢成心耍惡煞？可是不由人哪，辦事的時候，那東西在裏頭不老實，它硬是「刷拉刷拉」不住氣兒地來回轉呀！

蛇腦子

民間笑話裏，拿性器官來直接說事的相當多。簡直可以單列一個章節。

城市住宅，歷來緊張。一間房屋，房主在中間用蘆席紙板之類做個間隔，租給兩家使用。這面，住個後生仔。看見隔板上有個洞眼，後生卻不是讀書的匡衡，要來鑿壁偷光；他見隔壁女孩子在床頭獨自針黹，起了歹念。將一根脹硬的雞巴就從洞眼探頭伸過隔壁。那女孩子未經人道，不認識那個突然出現的東西，嘶聲驚呼開來：媽！一條蛇！

老媽奔近一看，明白就裏。毫不客氣，上去就抓住了那作案工具：俺閨女不怕，媽攥住蛇脖子啦！

閨女驚魂未定的，要媽媽攥緊些；而後生的陽具被突然活捉，緊張激動中，當下射精。這廂媽媽則回頭勸慰女兒：媽媽攥緊了，你看，把蛇腦子都攥出來啦！

狐狸與獵手

一個獵手，槍法如神；一隻狐狸，修煉得道。獵手與狐狸周旋了幾十年，兩廂不分勝負。最後，狐狸與獵手來了一個君子協定：狐狸不躲不閃，讓獵手瞄準，痛快打一槍；獵手呢，脫下衣服，赤裸了讓狐狸美美咬一口。從此恩怨一筆勾銷。

獵手瞄準，打過一槍，那狐狸果然有些道行，竟是毫髮未傷。輪到狐狸攻擊，獵手如約脫掉衣服，那狐狸撲到近前，發現上當了：哎呀！你半腰裏還掖著一桿手槍子呀！

狐狸不敢戀戰，慌忙逃竄。奔逃中看見了獵手的老婆，老婆見它好生狼狽，問明情由。獵手的老婆也幽默，褪下半截褲子來給狐狸看：

那桿手槍子可是厲害！我這兒讓打下的一個傷口，一輩子不得好吶！

一掏一個員警

山西老鄉，老實木訥。偶爾上北京一趟，卻找不到廁所。實在急尿，馬路邊上建築根底解開褲襠就要撒尿。被一個員警發現，過來猛拍肩膀，斷喝一聲：幹什麼？

老鄉給嚇了一跳，但也狡黠，申說道：我自家的一個東西，掏出來看看也犯法？畢竟沒有撒尿出來，員警也不好處罰。

老鄉到底急尿，鑽進一條巷子，還想就地解決。不想正是「一二九學生運動」之類的非常時期，警探密佈，到處巡邏。老鄉剛又解開褲襠，又是一個員警，拍肩斷喝：呔！幹什麼？

老鄉回到山西，耿耿於懷，給周圍人們訴說評價：北京那地界，不好！你說尿一泡吧，解開褲子，一掏，就是一個員警！

讓我把你背出去

山西有個萬榮縣。萬榮笑話特別著名。上面的笑話，有人便也給歸到了萬榮笑話裏。一個萬榮家，岔道口種一塊地，歷年有人抄近路，給地裏踩出一條斜道。所謂「人怕起灰號，地怕踩斜道」，徹底根治杜絕，相當困難。

這年開春，萬榮家耕翻平整過土地，地邊立了警示牌，自己還連日埋伏在一邊，專門捉拿不自覺的行人。要下大決心、花大力氣來治理斜道頑症。正埋伏著，果然有人就斜刺裏走到了地塊當央。萬榮家捉賊見贓，從伏擊點跳出來怒喝一聲：

呔！沒看見牌子嗎？怎麼這樣不自覺？

那人好生尷尬，連連賠不是，急忙要退出來。萬榮家愈加怒喝起來：

呔！不讓你走，你怎麼還在走？

那人可就不知如何是好了：我一時失策，想抄近道，不該走進你的地裏來；可我已經走進來了，這、這，我總不能飛出去呀？

萬榮家見那人終於不再移動，面色稍霽；自己走進地塊中間那人身邊說：

來！讓我把你背出去！我的地，不讓你走，你就一步也不能走！

站票

一位萬榮大爺，乘火車到臨汾。途中上車，沒有座位。見一位乘客離座而去，急忙搶過去坐下。一邊唸叨：這地方是夥的，你走了可就是我的！

剛才那位其實是上廁所，回來要大爺騰座位。當下發生了爭執。旁邊有人聽出大爺是萬榮家，知道那兒的老鄉思維怪異，一般道理難以理喻。暗笑著拿過大爺的車票來觀看，指了車票上的字語來解釋：

大爺，你看，你這車票上寫得明白，是「聞喜站至臨汾站」，你這是一張站票呀！

既然車票上這麼寫著，老大爺不再爭執，直撅撅站在一旁。

一會兒，方才有座那位下車了，大夥就讓老大爺來就座。包括出點子的也覺著玩笑有些不該。不料，萬榮大爺死活不坐空位子，振振有詞說：

別小看咱老農民，咱人窮不志短！我買的是站票，堅決不坐位子，一定要站到地頭，我可不占國家一絲便宜！

你是狗日的

也是一個萬榮大爺，出門坐的是汽車。中途上來個孕婦，大爺當先讓座。旁邊的年輕人不僅不讓座，還來挖苦老大爺：

老人家，你真是個雷鋒式的老人呀！

晉南口音，「式的」與「日的」接近。老大爺不高興了，回罵道：

我要是雷鋒日的，你就是狗日的！

白看了他十來層

萬榮家上大城市遊玩，高樓大廈的好新奇。仰脖子在那兒看樓房，不經意間又扔煙頭又吐痰。城市有紅袖標專門抓人毛病搞罰款，不由分說上來就撕票：罰款，掏錢！

萬榮家好心疼，連連哀告：我沒見過這麼高的樓房，心說看看，可沒想到這也要罰款！

紅袖標覺得萬榮家真是好笑，竟然不知道吐痰扔煙頭罰款，乾脆逗開了：說對了！蓋了這麼高的樓房，花多少錢？能讓人白看嗎？看一層，罰一塊。說，你看了幾層？

萬榮家一副可憐相：我、我就看了十層！

十層十塊，也得一張大團結。

萬榮家回到村裏，拿這事給大家吹乎：城裏人想捉唬老農民？沒那麼容易！看一層樓房罰一塊，我是讓罰了十塊；可他到底還是吃虧啦，我數過的，那樓房十八層，白看了他差不多十來層哩！

水火無情

山西有萬榮笑話，安徽則有王連智故事。

據說，王連智實有其人，原在文化館工作。他愛講笑話，本人也經常鬧笑話。結果，許多民間笑話改頭換面，也都安在王連智的頭上。

〈水火無情〉算其中一個老段子。

有一回，王連智上縣城露天影院看電影。旁邊是一位奶孩子婦女。電影情節緊張，孩子的嘴巴離開了乳頭，母親也沒發覺。那小孩急著吃奶，小脖子一伸一伸的。王連智見了，好生不忍，出手幫忙。揪了那女人的乳房來靠攏小孩嘴巴。哺乳母親，乳房飽脹，也很滑溜，王連智只好用力來抓。電影儘管引人，婦女還是給抓痛了，當下驚呼怪叫的，說王連智耍流氓。

驚動了影院執勤，執勤卻認識王連智，當下批評開了：老王，你怎麼能這樣吶？這，這叫人怎麼說嘛！

王連智好委屈，連連申辯：看那小孩子吃不到乳頭，我替娃娃著急！我是在做好人好事，助人為樂呀！

執勤也知曉王連智的思維不類常人，當下息事寧人，給他換了一個座位。同時加以勸導說：老王，助人為樂固然好，也得看情況。不該你管的，你就不要亂管！

王連智記下，繼續看電影。這回旁邊是一位老大爺，而電影果然精彩——有人查煙的時候大爺將煙鍋子裝在口袋，口袋裏開始冒煙，都沒發覺。王連智早看到了，只是鬧不清自己該管不該管。終於，老大爺的衣服著了火，當下又驚呼怪叫起來。

又驚動了影院執勤，過來處置。王連智說，我早就看見啦！就是沒吭聲！

老大爺不幹了，埋怨王連智太不夠人格，簡直是見死不救！

王連智向執勤那裏推諉：你說是不該我管的，我就不要管嘛！

執勤又得勸導一回：老王，水火無情哪！燒死人呢？發生了火災呢？你呀！

王連智好生無趣，到後邊來站了。而電影還不散，方才到了高潮時刻。十幾歲一個小女孩，到後邊空場來小便。一邊探頭看銀幕，一邊撒尿，裙子後襬就拖在了尿水裏。

王連智到底是好心人，悄悄溜到女孩身後，替女孩將裙子後襬提了起來。女孩突然覺得後面冷颼颼的，回頭一看，有人正在掀她的裙子。當下可就再次驚呼怪叫起來，大叫「抓流氓」，動靜比前兩番還要激烈。

影院執勤衝過來，看見還是王連智，再也不能原諒：你個王連智，這回還怎麼說？不看電影，你是偷看人家小姑娘的屁股！

王連智捶胸頓足的，連呼冤枉！你說的水火無情哪！女孩子的裙子都淹到水裏啦，老王我能不管嗎？

買紙頭

王連智到上海出差，小地方人進城，一時暈頭。上海廁所短缺，天下聞名，王連智要大解，找不到地界。物色一位面善老人，小心打問一回，老人詳細告訴了：前面拐彎，看見有賣紙頭的地方，就可以解手的！

前面拐彎處，卻有一家電影院。看見排隊的人們到視窗那裏，遞錢進去，果然買出紙頭來。王連智覺得找到地方了，後邊跟了隊伍。心想，上海真是人多，也守紀律。上個廁所，排這麼多人。終於排到窗口，一問價格，兩角。城裏花銷，什麼都貴呀！買出票子來，王連智不禁咋舌：我的乖乖！兩毛錢，買到這麼二指寬一個小紙條！

買到紙頭，見其他人都在門口等候，王連智實在內急，小心詢問：怎麼還不讓進去呀？聽見外地口音，有人不屑地瞅瞅他，道：要等上一場的人出來的！

王連智心中又暗想：上海地方規距也太大啦！上廁所都是論場次的。好不容易等到進場，門口收票的將電影票扯去一半。王連智也不敢問，只是心裏嘀咕：什麼都沒幹，兩毛錢的紙頭給沒收了一毛多！

對號坐下，左右看看，大家都不動作。王連智實在是快要拉到褲子裏了，急煎煎詢問：怎麼還不開始呀？

旁邊人解釋道：別急嘛，等黑了燈就要開始的！

王連智一想也是。上海儘管與鄉下不同，上廁所要排隊、要論場次、要集體動作，但大便到底也不宜大家都在光天化日之下一齊脫褲子。

終於打鈴滅燈，王連智脫褲子就拉。結果可想而知，四周立即大嘩。影院執勤前來捉拿惡意搗亂的壞分子。王連智顧不上提褲子，揚著半張票子吼叫：

我是買了紙頭的！

高級老漢

西元一九五八年，中國大陸狂熱大躍進。結果是勞民傷財，國民經濟幾乎崩潰。到恐怖的六十年，到處餓死人。官方的說法是遭遇了連續「三年自然災害」。

城裏市民學生，供應口糧銳減，而且買不到蔬菜副食品。饑餓，折磨著幾乎所有的市民；浮腫，極其普遍。而高級幹部，人民功臣，據說有所謂特供，能額外得道一些肉蛋糖油之類。

後來，黑市猖獗起來。一斤糧票賣到三塊錢。國家控制著糧食，當然不能放任黑市販子白白賺錢。國營飯店裏開始出售高級菜，普通一個炒肉片，原先四角錢，冠以「高級」一名堂，要賣八塊。國營副食店也有了高級點心高級糖，原先一斤點心不過五角錢，如今不收糧票賣到四塊錢。事實上，國家也默認了黑市糧票的價格。

高級幹部，有特供；個別有錢人，能買得起高級菜和高級點心。一般工薪階層，月工資不過四五十元，哪裏敢覬覦什麼高級玩意兒。

於是，童謠四起。老百姓藉以貶責時弊、抒洩憤懣。其中一首童謠說到高級老漢，分明寓有詛咒在焉：

高級點心高級糖，
高級老漢上茅房；
茅房沒有高級燈，
高級老漢掉茅坑！

千里草

童謠，民謠，古來有之。所謂防民之口甚於防川。莊稼地裏罵朝廷，向來是老百姓的天然權利。

東漢末年，朝中十常侍作亂。何進無謀召董卓，朝綱大壞。京都於是有童謠傳播：

千里草，何青青，
十日下，不得生。

這不過是個拆字把戲，暗含了董卓二字。但百姓痛恨董卓，必欲除之而後快，於是童謠不脛而走。

童謠，民謠，正如優秀民歌，不知誰是最初作者，在口口相傳的過程中，磨練沙汰，最終定型。

一個芝麻光溜溜

大躍進時代，鼓吹躍進。作家協會看門房的老頭，都被迫自報創作計畫一年要寫八部長篇小說。

上有所好，下必效之；小農狂熱，甚囂塵上。周揚鼓吹當時的農民詩歌，已經達到革命現實主義與革命浪漫主義相結合的高度。除了評價過毛澤東的詩詞，周揚還從來沒有這樣慷慨過。而農民詩歌，即便經過善於揣摩上意的無恥文人加工，也依然難以改變骨子裏的小農思維。

「一棵高粱長上天，湊著太陽抽袋煙」之類，不一而足。

有這麼典型的一首，照錄如下：

一個芝麻光溜溜，
榨出油來發了愁；
六億人民吃不完，
流遍四海五大洲！

心中升起「紅陽太」

與瑰麗的民歌相比，有無數莫名其妙外加胡說八道的所謂通俗歌曲充斥歌壇。與經典的童謠民謠相比，則有無數詩人的無數押韻以及不押韻的長短句印刷出版。

一位某縣文化館館員，文化太低而資格夠老，名片上自稱詩人，享受「副高：相當於副教授」高級知識份子待遇。人滿好，很幽默，就是寫詩太臭。

華國鋒擔任總書記的時候，晉中地區召開文化工作會議，會址就選在華主席的家鄉交城。副高館員一到會上，當即把一路琢磨的一首詩歌獻上，以表慶賀：

交城開會榆次走，
坐上汽車來得快；
進了南門招待所，
心中升起紅陽太！

他自己解釋說，本來應該是「紅太陽」，因為要押韻，改成了「紅陽太」。

高高山上一廟堂

同行們和館員開玩笑道，現在流行朦朧詩，誰寫詩還押韻？

館員說，朦朧詩我也會寫。第一不押韻，第二看不懂，誰還不會？苦吟一夜，第二天果然就有朦朧詩出籠。

高高山上一廟堂，
腰裏別著洗臉盆；

我說這話你不信？

撅著屁股瞪著眼！

果然不押韻，而且看不懂。大家起哄，朦朧詩別人看不懂，詩人自己是懂得的呀！館員自豪微笑了道：

本人當然懂！咱們住的這招待所，旁邊小山上不是一座小廟嗎？我怎麼發現的，是夜來出門倒洗臉水的時候看見的。倒水的時候，什麼姿勢？撅著屁股嘛！眼睛朝上一蹬，正好看見那個小廟。你們要是不信，自己倒水試試！

華正主席

做詩找韻，何足為奇。毛澤東的〈七律　回韶山〉，接末一句「遍地英雄下夕煙」。詩意描寫，夕煙下農民下地收工的景象。詩句作「下夕煙」，也屬於找韻。

做詩也多有湊字數的。

廣西農民詩人某，粉碎四人幫之後做詩歌頌。那時葉劍英是葉副主席，詩人為湊字數，把華主席說成「華正主席」。詩云：

華正主席黨中央，
一舉粉碎四人幫；
學習大寨第二段，
廣大人民廣積糧。

黨是親娘

文革當中，農民被強迫學習一大一小。大是山西大寨，小是河北小靳莊。據鼓吹，說是小靳莊的農民人人會做詩。全國農民乃至全國人民都要學習做詩，以便開展歌讚領袖、歌讚所謂革命的大頌揚。

小靳莊紅火了時間不長，四人幫倒臺。那裏大頌揚的無數詩篇，人們一首都不記得。

在河北保定地區，則流傳一首據說屬於那個時代的農民詩歌。四句，七言。

黨是親娘我是孩，
一頭撲進娘的懷；
咕咚咕咚吸奶水，
誰拉我也不起來！

共產黨當年習慣搞運動，不知滋生出多少吃運動飯的「革命群眾」。上述詩歌的口吻，倒也貼切彷彿。

洗尿

大約我讀小學的時候，偶然看到一本很厚的材料。上面有郭沫若、茅盾等文壇鉅子點評文學創作的文章。

志願軍中，也有詩人。當初文化人太少，真正的文化人已經品嚐到了各種思想改造運動的滋味，三緘其口。文學期刊上只好登載剛剛學習找韻腳的詩人們的作品。一首詩，描寫戰士與護士友誼那樣的場景情節吧，為了找韻腳，發表的原詩裏有這樣的句子：

戰士們在那兒擦炮，
護士們正在洗尿！

郭老婉轉建議說，護士洗尿布，當然很辛苦；寫成「洗尿」，比較費解。

饅頭就是糞

高中時代，我們班上一位同學突然患病。開始說，努力三五天，趕上張石山；努力了那麼幾天，病了。家裏勸導，說你就是天才，哪裏用得著努力？為了病情，這樣勸導恐怕是一個適切的辦法。

那同學就乾脆不再學習，整天玩鬧，上自習吹笛子什麼的。

到考試的時候，正好語文老師學北京景山中學經驗，要大家自擬題目寫作文，該同學得以表現一回天才。

他的作文，不是文章，寫了兩首詩。

一首，記錄我們清明到烈士陵園掃墓故事。那天，突然降雨，該同學很熱心，到附近親戚家借來兩件雨具，大家卻是冒雨跑步回校了。因而詩云：

清明時節雨紛紛，
烈士墓前站得人。
我為同學借雨具，
同學冒雨往回跑！

因為太出格，老師當堂點評一回。要是押韻，第四句說「往回奔」也好一點。還有第二句，「站得人」是地方話，本意是說「站著人」吧？

第二首詩，更加有趣。民間順口溜有一種專門說什麼「頭」的，「要說頭，盡說頭，黑山沖著大崖頭」之類。這位同學的詩，題目就叫「頭」。一共三句，半闕〈浣溪紗〉似的。

村南有個小老頭，
提了一隻糞籮頭，
天天早上拾「饅頭」。

他自己還加了注：「饅頭」就是糞。

結果，語文老師給他打了六分。說是如果打五分，恐怕誤解為五分制滿分。

第四輯

日見

漢語常說看見、瞧見、聽見。

山西方言裏，用這個見字的範圍更廣一些。

比如「嘗見很香」，「學見很難」，舀飯「舀見都是稠的」，等等。

一條漢子打了什麼女人，他會說「打見狗日的真是肉厚！」

在一個小旅社的男廁所，除了淫畫，我還見過這樣的提詞：「我日見她的毛很多」。

如果要破案，首先可以圈定，這位一定是山西人。

升調

英語無四聲區別。但句子有升調、降調。

漢語也有升調、降調。

「真是好！」與「真是好？」就有降調、升調的區別。不像英語那麼明顯罷了。

山西方言，升調使用相當廣泛。比如普通話說「是嗎？」表示疑問，山西人只說一個字「是？」尾音甩上去。

單單聽見這麼一個「是？」，完全可以認老鄉。

共工

記得早些年看到過一份研究材料，說「共工怒觸不周山」，可能是先民關於史前大洪水的記憶。因為「共工」即是「洪江」。記憶變形為神話傳說，共工最後人格化了。

山西晉南歷史古老。由於運城鹽池的古老存在，鹽文化專家的研究，支持了考古發掘的推論。堯舜禹前三王的古都皆在晉南，絕不僅僅是民間傳說。

古老的晉南，方言保存不少漢語古音。比如「長江」，發音與「曾經」幾乎不易區分。而整個山西，彩虹之「虹」老百姓都讀「醬」音。而「長虹」，晉南口音也會念成「曾經」。

那麼，長江之江三點水後邊的工字，恐怕是最早的聲旁。或者說，江與虹，古音基本同音。

共工即是洪江，上說或者可以提供一點語言學、語音學方面的佐證。

行走與銀行

一字兩音或者多音，漢語中非常普遍。行走之行，與銀行之行，相對典型。山西方言，杏字讀如「衡」。《詩經》中的「荇菜」，現代人讀行走之行，而古語應該讀銀行之行。

山西方言，行的兩種讀音，經常通用。說「一行莊稼」，用哪種讀音都可以。有時，當場同一人都會使用出兩種讀法來。用針線絎衣服，讀如銀行之行。

大柵欄

北京前門外的大柵欄很有名。但在口語中，柵欄之柵，這兒要讀「市」音。山西文水有個鎮子開柵，過去是糧食集散地，也很有名。柵，也讀「市」。

通什

海南有個小城通什市。通什，當地讀如通扎。大柵欄之「柵」，與通什之「什」，語音互換，非常有趣。

會挑的挑當頭

中國民間謠諺極其豐富。說是浩如煙海也不為過。過去，《明賢集》多有收錄。當然，任何書籍都不曾收錄者，數量更多。

多句式的謠諺，一般都要押韻。

比如：人活臉面樹活皮，露水活得一早起。

或經驗之談，或警策喻世，微言大義借助了鏗鏘音韻，通俗上口。

比如，如果女子有著充分選擇的自由，選擇丈夫的時候，是選車子、房子呢，還是選漢子？這實在是一個相當現實而又接近兩難的話題。

民間諺語這樣提示我們：會挑的挑當頭，不會挑的挑高樓。簡捷的提示，寓意深刻。也許可以幫助人們做出最終的選擇。而這一選擇將決定人的一生是否幸福。

管它狼吃羊羊吃狼

有一種謬論，說中國老百姓不懂民主，所以倒是集權和專制更適切國情。慈禧太后對抗戊戌變法種種改革倡議，就是這樣口吻。

老百姓始終被剝奪著種種權利，想要關心政治、參與民主而不可得，只好在一旁冷眼旁觀。因為說了也沒用，大家只好自我開解：

管它狼吃羊羊吃狼，
哪個朝代不納糧？

上炕認得老婆

老農民被捆縛在土地上，人的活力與創造性都被壓抑。只好發揚一點阿Q精神，自我調侃說：咱是上炕認得老婆，下炕認得鞋。僅有這麼一點能耐；而僅有這麼一點能耐足矣！

人活吃穿透

生活侷限，眼界侷限，面朝黃土背朝天，有什麼遠大志向？即便有，何由實現？人生目標只好限定於最低級的生理需要層面。民諺說：

人活一個吃穿透，
老牛活個吃黑豆。

透，與入、日、操同義。亦即做愛。

一世為官九世窮

「皇帝輪流做，明年到我家」，話雖那麼說，當皇帝的機會實在是太少。改朝換代之後，老百姓盼的是風調雨順，讀書人盼的是科舉高中。芸芸眾生，有多大比例的人們能夠當官呢？過去，一任清知府，十萬雪花銀。鹵簿執事，官靴朝服，何等榮耀。如今的所謂人民公僕，怎樣的心術嘴臉，不說他們也罷。

老百姓，往往載舟而很少覆舟的老百姓，如江河、如大地，慣看官虎吏狼橫行。他們也羨慕官家威風，也害怕老爺動怒。但他們冷冷評價說：

「一世為官九世窮。」

「一輩子當官，十輩子背磚。」

人也許沒有來生來世。十輩子背磚，嚇唬不了貪官污吏。

但人有後代。官家子弟，兒孫後輩，倒真是破落戶居多。

民諺，也許沒有什麼道理，也許只是一種發洩與詛咒。

看無數貪官污吏的無數惡行，他們至少應該受到這樣的詛咒。

三雙鞋底

遇上好皇帝，比如儘管強迫大家雉發、卻又頒旨聲稱「永不加賦」的康熙，老百姓就異口同聲山呼萬歲老佛爺。

遇上王八蛋皇帝，饑寒交迫如一九六〇年那樣日月，老百姓只要餓不死，還得堅持活下去。大家不敢明說盼那皇帝死，但換一種說法道：

三雙鞋底，能磨倒一朝天子。

這是農民的自信與從容。

好女難嫁包頭雞

民間謠諺，涉黃涉性的也很多。或者暗含性學知識，或者道出經驗之談。

比如，言說性事的有：

好女難嫁包頭雞，

有錢難買臨月屄。

男子陽具的包皮，往往在性成熟階段褪下，不再包裹龜頭。包皮太長者，還得上醫院手術切除。好女嫁人，自然難遇這樣丈夫。或者壞女人，搞未成年男孩子，才能品嚐到包頭雞。而婦女臨月，妊娠反應，陰道陰唇一概腫脹，做愛性交時男子的感覺一定大有不同。但臨月婦女，為保護胎兒，拒絕性交。即便是老農民，此時也懂得需要「隔炕」。那樣特殊時期的物件，多半有錢難買了。

十個女人九個肯

鄉下，有些地面民風浪漫。婚前不乏性行為，婚後流行拉邊套。誰家女人沒交幾個朋友，丈夫都沒有面子。

那麼，男人普遍有佔有慾，有「泛性」傾向，女士肯不肯配合呢？

民諺說：

十個女人九個肯，
單怕男人嘴不穩。

當然是特定地區如此罷了。說女人都是這樣，女權主義者要起訴打官司的。

讓我給它夾下來

一個走村串鄉做小生意的，貨郎或者小爐匠吧，賺了不少錢，要走。這家兒媳不樂意。把懷裏的孩子遞給婆婆道：

媽，給我抱住孩子！賺了錢就要走？不用你出馬，我上去把那屄養的夾下來！

像

鄉下，婚姻多父母包辦。夫妻是否班配？不一定。婚外戀給人們提供了自由選擇的可能；大家或者就在婚外戀當中找到了平衡。

一般而論，輿論首先會在道德層面批評婚外戀。覺得畢竟不是那麼冠冕堂皇，並非值得誇讚的好人好事。

但面對普遍現象、既成事實，輿論往往又超越了道德層面，會在審美層面來做出評價。男的窩囊，女的醜陋，那叫什麼？那叫狗練蛋。男的精幹，女的漂亮；男的威武，女的嬌柔；呂布遇上貂禪，鳳凰配了牡丹，人們就會在背後誇讚了：

看看人家那兩個，像！

像——班配，和諧，應該是那樣，接近想像中的美好，符合人們的審美標準。

腰裏摸一把

鄉下情人也有他們的浪漫。

女孩子給她的意中人縫製一隻煙荷包、納一雙鞋墊之類。荷包上繡出鴛鴦雙鳧水；鞋墊上繡出孔雀戲牡丹。

漢子們砍柴割草，或者就給自己的情人摘得一把小酸棗、採回一株山丹丹。

而更多的時候，他們調情很直捷。不搞許多彎彎繞。不需要從世界形勢說起，說到環保問題、糧食價格、股市行情以及體育彩票什麼的。

有一段順口溜描述漢子們撩逗女人，很有趣。

腰裏摸一把，
看她說什麼？
她說「看有人！」
這事就有成。

哥哥有情，妹子有義，只是恐怕被人發覺。這還不就一拍即合了嗎？

不怕槍崩刀砍

交朋友，處相好，婚前往來，婚後纏綿，畢竟需要種種條件。《水滸》中王婆講的「潘驢鄧小閒」，估計也是作家施耐庵的生活積累，從民間獲得。就我的生活涉獵，知道山西的鄉下人千百年浸淫其中，也總結了一套屬於自己的要訣。

一要麻纏二要粘，
三要功夫四要錢；
第五膽子衝，
第六桿子硬；
不怕判刑坐監，
不怕槍崩刀砍！

看中目標，要有一股麻纏勁兒，糾纏不休；碰了釘子呢，要有些涵養，黏黏糊糊，臉皮夠厚。女孩子稍微嗔怒，就打退堂鼓，莫說圖謀婚外情，恐怕搞對象都搞不成。

所謂泡女孩，當然還得有時間來泡。或曰，泡女孩的過程，即是調情的題中應有之意。

害怕耽誤時間，影響事業，那你本來就可以別動這樣心思。同時還得有錢。城裏人，看一場表演，下一次館子，也不好要女孩子掏腰包的。村子裏，男人家給女人買二尺頭繩、一盒胭脂，該有那麼點意思。準備吃軟飯，希圖女人倒貼，這號男人也有，總歸讓人瞧不起。

女人臉皮薄，如果男人也靦腆，心思如何才得剖白？男士在這樣情勢下，總得有些膽量。敢於豁出來，「上戰場槍一響，老子今天就死在戰場上」，況且頂多不過碰釘子。雙方終於入港，該正經幹事了，你還得有真本事。不需要西門慶似的依賴什麼藥品輔助器械之類，隨身自帶寶劍，抽將出來就能見紅見血。否則，銀樣鑞槍頭一個，才叫敗興。自己無趣，對方也失望。正是佛洛德先生痛心疾首所說：性無能是人類的最大墮落！

不怕坐監槍嘣，話說的嚴重了。用不著到那程度，好事早已成就。或曰，準備挨槍嘣，那是強姦犯的思想準備。不是處相好、交朋友的範疇了。

——參與走馬黃河的軍旅女作家唐韻來山西的時候，我陪她赴河曲採風。路上隨便給唐小姐聊起上面的段子，唐韻如獲至寶，喜不自勝。詳細記錄，並且寫進了她的專著。軍旅女作家尚且喜歡，對紹介民間瑰寶我便又生出幾分信心。

餃子與交子

北方人愛吃餃子。但在過去物資短缺年代，一般老百姓只能逢年過節才能吃到餃子。我們老家，基本不產小麥，當年唯有過大年才能見到白麵，老鄉們一年吃一頓餃子。富裕中農以上人家，到八月中秋或許還能吃到一餐白麵麵條之類。吃麵條的漢子到了飯場上，碗口朝外、麵條挑得高高，好生顯賣的樣子。有的甚至吹乎起來：

大年初一剛吃了餃子，八月十五「跟上」又是一頓麵條子！

一般人家，且是跟不上這一頓。

過年吃餃子，有一說「餃子」即是「交子」。

中國古來計時，一晝夜分十二個時辰。今日亥時與明日子時交匯一刻，進入新的一天。是為交子。

「一夜連雙歲，三更分二年」。除夕夜交子，進入新的一天的同時，進入新的一年，意義不同尋常。宜於吃餃子來慶賀。

子時，在今日二十三點到明日一點。那麼，「交子」應該在夜裏十一點。日夜交接的準確時刻，是子時三刻。

評書戲劇，斬首犯人要在午時三刻。此時，太陽運行到天穹正中，直射子午線，十二點整。

餛飩和混沌

北方南方，都吃餛飩。

餛飩，四川叫「抄手」，比劃捏餛飩手勢，還算情有可原；廣東叫做「雲吞」，實在是錯別字大餐。

新的一年開始，好比混沌初開。餛飩，即是混沌。也是一說。

一年到頭吃餃子

所謂犯法身無主，觸犯刑律，只好服刑。住在看守所，只好享受那兒的伙食。

犯人們總結伙食情況，說是「長吃菠菜，老吃韭菜，一年到頭吃餃子」。

菠菜長到二尺長，開花結籽了，韭菜老得如同青草了，才能吃到。一年裏，也就過春節吃一頓餃子罷啦。

沒有餓罪

婆婆虐待媳婦，後娘打罵孩子，所在多有。但輿論的底線是不能讓人挨餓。老百姓的說法是：有打罪、罵罪，不興有餓罪。犯了國法，朝廷還給吃二合囚糧哩！

好漢監裏餓

為人學得烏龜法，得縮頭時且縮頭。國人諸如此類消極處世的格言很多。我小時，祖母見我天生喜好打抱不平，十分擔心我的未來。老人家經常教導我的一句民間格言是：好漢監裏餓，賴漢家裏坐。為人可不敢那麼好強！

喜好打抱不平的性格，竟然至死不改。父輩血性遺傳，所謂「兒跟種子，穀跟壟子」，沒辦法的事。

監獄歌謠

監獄看守所，犯人們形容自家處境，有一首歌謠描摹精當。

一紙判決，心驚肉跳。
兩隻胳膊，上了手銬。
三餐飯食，不成草料。
四面高牆，電網警報。
五尺地頭，馬桶屎尿。
六親不認，沒人關照。
七天勞動，手足起泡。
八個大字[1]，天天教導。
久遠服刑，不如死掉。
實在難熬，槍斃拉倒。

1 坦白從寬、抗拒從嚴

抗拒從嚴　回家過年

中國法律，過去一直不是「無罪推定、疑罪從無」。而是有罪推定。寧可錯判，絕不寬縱。錯判，也不及時改正；總要羅織些罪名，維持錯判。

至於量刑，法律依憑也不嚴謹。形勢需要，就要「嚴打」。

判刑依據，往往採信「逼供信」得來的當事人口供。

「坦白從寬，抗拒從嚴」的口號響亮，誘供、逼供，成為破案主要手段。

犯人們於是有經驗之談說：

坦白從寬，判刑坐監；抗拒從嚴，回家過年。

私刑

封建社會有五刑三木。審案必要時允許動刑。但打板子、上夾棍，都有法律條文可依。

而自古清官多酷吏。即便是包公，早年也曾刑斃人犯因而被糾彈罷官。所謂「三木之下，何求不得」，嚴刑逼供，枉死城中無數冤魂。

網路傳媒和文摘小報上，不斷報導各種冤案。派出所毆死嫌犯、誤定「處女賣淫」，時有發生。

就我所知所見所聞，派出所敲比犯罪嫌疑人乃至一般違反治安條例的當事人，手段相當殘酷。

單說上手銬，花樣繁多。

「二郎擔山」式上背銬，是最常見的。無法吃飯，像毛驢牲口似的直接用嘴去湊飯碗；無法解手，任你屎尿滿褲襠。

有「看大門」。拇指小銬，銬定兩個拇指，搭上門扇，雙腳離地。吊那麼一夜。

有「看樹」。電線杆或者樹樁，將人背銬在上頭。

「扛方桌」，或者「扛自行車」。將人銬死在車子、桌子上，好幾天。上廁所解手，尋找角度進門，至少要四十分鐘。

眼下，不許搞刑訊逼供呼聲勁疾，據說紀律也很嚴明。但審案人員素質問題不解決，他不把人當人，他總歸有辦法收拾你。幾天不許睡覺；無法忍受的雜訊二十四小時不停；強光連續照射等等。他說確實沒有逼供，而你生不如死。讓承認什麼都答應，犯有叛國罪，是拉登助手基地二號人物。

毛澤東青年時代，採訪一位小獄吏而知曉了中國監獄的全部黑暗。革除這些黑暗，我們已經用去將近一百年。而「革命尚未成功，同志仍需努力」。

卵彈琴

共產黨紀律嚴明，打天下之時尤甚。共產黨愛搞運動，但為了純潔組織，首先運動自己。中央蘇區清理「ＡＢ團」、反「托派」，搞得很過火。剛剛穿了軍裝的農民，把打土豪、鬥劣紳的手段用到自己同志身上。

拷問刑罰有「卵彈琴」之類。將頭髮與雞巴之間用牛筋捆縛，拉緊到極端，彈撥牛筋「嘣嘣」作響。

許多同志被冤枉殺害。為了節約子彈，連受刑被殺者都希望用大砍刀解決。某年赴江西參加筆會，見山坡上許多魚鱗坑；以為是植樹痕跡，知情人說那是被殺紅軍墳坑。江西屬紅壤地區，死難者遺骨發紅。後人慨歎：那都是忠實革命的紅色戰士呀！

棗核鑽頭

土改運動，沒收地主土地房產，「掃地出門」之外，還要鬥「浮財」。口號是雇貧掌天下，說啥就是啥。提倡有仇的報仇，有冤的報冤。所謂社會失範期，私刑氾濫。

我們家鄉，有戴火圈、坐火鏊。頭頂烙掉頭皮，通紅一圈者；烙去半個屁股者；本村就有。晉北有綁了大磨，馬拉遊街者，遊街下來，只剩一副骨架。晉東南則有貧協會抓紙團來瓜分地富女兒老婆，做為鬥爭果實。

私刑有金剛鑽鑽透人的腳踝一法。後來嫌金剛鑽太鋒利，罪過時間短，乃換作棗核鑽頭，令地富分子整日哀號。

油錘貫耳

文革運動，集運動之大成。報紙社論公然號召「橫掃一切牛鬼蛇神」。私刑氾濫成災。機器廠有「油錘貫耳」法。將人壓在鋼板下，用十八磅油錘猛擊鋼板，專門震人耳膜。

灌女工洗澡水

家父所在單位，文革火爆的「紅八月」，伏天給牛鬼蛇神穿皮襖、烤炭火。烤到口乾舌燥，嚷渴；舀來女工洗澡水灌之飲之。

張志新

女政治犯張志新，慘遭輪姦，槍斃行刑前被割斷喉管，防其呼喊口號。後來平反，追認烈士。

但強姦與割喉的指使者與執行者，未受處理。

包括歷屆運動中打人殺人的兇手，一概不受處罰。蓋其乃運動發起人的急先鋒、馬前卒是也。

著名的延安整風運動中，康生整人無數，甚至親自動手打人。但他是最高領導者的紅人，「康生怎麼不受處罰」，這樣想一想，說明你太天真。

豬肉枷

清朝末年，有一位王懿昌在我們盂縣當知事，官聲不錯。至今民間有關於他的許多故事流傳。

盂縣雖是邊遠地方，縣城也照例有痞子惡棍沒毛大蟲牛二、鐵皮老虎張三之類。王懿昌剛到盂縣，就有街痞子專門搗亂。要以身試法，考校縣太爺的軟硬。這幫東西，大錯不犯，小錯不斷；不夠判什麼徒刑，頂多打一通板子，枷號示眾什麼的。扛幾十斤一塊木枷，滿不在乎，好像反而幫助他響亮了痞子名聲。在街市上更加作威作福，恣意橫行。

按律條，扛五十斤鐵葉枷，號令三五日，已是最重處罰。如何整治這些傢伙，老百姓等著看王知縣的笑話。王懿昌為官已非一任，哪裏就會敗在小小痞棍手裏？於是，動用了豬肉枷。

三伏天，買五十斤豬肉，讓其徹底腐壞，漚爛漚臭之後，中間捅個窟窿，給痞子們戴上。官印加蓋了封條，著衙役鎖定張三牛二們，在衙門外毒日頭底下，號令三日。豬肉惡臭，綠頭蒼蠅麇集，蛆蟲在痞子們滿頭滿臉亂爬，出入五官七竅。牛二張三們再也無法忍受，充不得好漢，到底服輸服軟服帖。

從此，街市清明，秩序井然。幾至路不拾遺、夜不閉戶。

水沖石與板打肉

痞棍害蟲都被制服，本地鄉紳不忿。密謀策劃，要給王懿昌一點難看，讓他知道盂縣的犁鏵也是鐵的。

毛筆寫一個字，上水下石。差家丁上衙門給王懿昌去認。王懿昌知道是劣紳作怪，但確實不認識這個字。家丁就挖苦道：這麼簡單一個字認不得，敢來盂縣當官知盂縣事？

王懿昌問：這個字我不認識，你家老爺想必認得？

家丁答道：那是自然。水流在石頭上，那唸個「淙兒」！

王懿昌微笑，便也寫一個字，上面竹頭下面肉，讓家丁拿給他家老爺去認。

豪紳們卻也認不出。差家丁到衙門詢問。大老爺不說黑白，讓衙役掀翻了就打屁股。

家丁捂了腫痛屁股，當堂嗽嘈：認不得字，怎麼就要打屁股？

王懿昌笑道：打你的屁股，讓你和你家老爺記牢這個字。竹板子打在肉上，那唸個「啪兒」！

馬刀削頭

日本鬼子佔領盂縣期間，我縣最早開始修建汽車路、架設電話線。鬼子電話兵，騎馬檢修線路，耀武揚威往來馳騁。老百姓早遠遠躲開去，躲避不及者，鬼子經常用馬刀砍頭玩兒。

有個來喜，小時在汽路邊挖豬草，看見鬼子騎兵過來，不及躲避，只好伏在路溝裏。鬼子打馬飛馳而過，同時就揮舞馬刀來砍頭。由於路溝遮擋，馬刀只削到了頭皮。三個電話兵，接連三刀，一刀比一刀削得深，來喜的頭蓋骨就給削出平平一塊，見了骨碴。幸運的是，到底沒有砍透頭骨，大腦未受損傷。

鬼子馬刀都沒砍死，而且是三馬刀。人們都說來喜命大。

刺刀穿喉

奶奶娘家村子，叫個大獨頭。一個莊稼漢，忘其姓字，被懷疑是漢奸。八路軍夜裏來處決，抓到村口，綁在一根木樁上用刺刀解決。

兩個戰士，斜角十字站定。一個突刺，刺穿脖頸，從前到後；另一個突刺，也刺穿了脖頸，從左到右。處決完畢，八路軍夜色裏撤走。村幹部通知這家收屍。

家人抬了漢子回家，發現還有呼吸。那時的條件，那樣的情況，只能用一個偏方來救治。殺掉一隻雞，撕下熱雞皮來捂了傷口。不料，漢子竟活了下來。半月之後，已經上山下地，照常幹活。

人們分析，正面的刺刀，從喉嚨近旁穿過，沒有刺穿喉嚨，沒有傷到頸椎；側面的刺刀，在喉嚨與頸椎之間穿過，也沒有傷到要害。可謂巧極。

不久，正經漢奸被抓獲。老百姓說，漢子不該死，是該受那麼一回罪過。

活埋逃生

我的中篇小說〈活殯〉，寫過一個人從活埋坑裏逃生的細節。那是借用了一個現成例子。

舊社會，捉姦要雙。殺死姦夫淫婦，不犯法。還有所謂忤逆，不孝之子，家族敗類，族中動了公憤處死，也不犯法。

一個逆子，家族公議決定活埋。大家卻是不曾活埋過人，派幾條後生挖坑，就墓穴似的挖了八尺見方、丈數深淺。施行活埋的時候，那逆子兇暴，當然五花大綁了不許反抗，嘴裏還填滿雜物不許吼叫。

活埋完畢，後生們還上去踩踏一回。萬無一失。

不料，逆子竟然死裏逃生。原來黑燈瞎火裏，上頭人們朝坑裏填土，逆子本能掙扎，在底下那麼扭動。將土都湧在身下，人體一尺一尺浮了上來。

逆子逃脫性命，出外投軍當兵，後來累積軍功升任一位官爺。

老百姓議論說：惡人成大事。活埋都不死，鬼神看來都避讓三分！

死了沒埋、埋了沒死

人都天生怕死。

種地的老農民，過去第一害怕當兵，第二害怕下煤窯。都是基於怕死。

中國歷來有「好人不當兵，好鐵不打釘」的傳統說法。下煤窯，那是當窯黑子。兩者放在一搭比較，說當兵的是「死了沒埋」，下窯的是「埋了沒死」。

當兵，槍林彈雨的，難免死傷。下煤窯，過去的條件，那是四塊石頭夾一疙瘩肉。

建國初期，村裏來了煤礦招工指標，大家都拒絕報名。我村支部書記強迫命令地富子弟去下煤窯，地富人家哭得死去活來。不料，地富子弟一朝成了煤礦工人，漂亮女孩子追著想嫁給人家。書記的兒子一直欺負土坷垃，打了光棍。

建國五十年，風氣為之大變。農民淪落為二等公民，唯有當兵下窯才能離開農村。何況，如今當兵不打仗，下煤窯安全保障也比過去不知好了多少。

下煤窯或者當兵，都得走後門。

剁指逃徵兵

白居易有一首〈新豐折臂翁〉，記載一位老農為逃避徵兵打仗，「自將大石擊折臂」。而解放前，我們家鄉有不少人害怕當兵，自己剁去右手食指中指兩根指頭。

我的一個表姐夫，就是其中一位。自己剁去指頭，將傷處伸進滾開的油鍋，使傷口當即結疤。一個人能下那樣狠手，都不去當兵，對「當兵」的恐懼該有多大！

自己鋸腿

早年看過一部朝鮮電影，劇名大概是《他活著》。中間一個情節，寫一位指導員腳部受傷發炎，有性命危險。在沒有痲醉的條件下，用一塊罐頭皮剪出鋸齒，堅強的指導員唱著伐木歌，自己鋸掉了一隻腳。

我相信那是有真人真事為原型的。相比之下，關羽刮骨療毒簡直算不得什麼。

鋼軌切脖頸

建國初期，沒有戶口限制，農民進城，來去自由。農閒時節，到城裏來打零工的挺多。我們一位老鄉，到太鋼當壯工。一天，幾個人抬鋼軌，到地頭一齊往地下扔的時候，他的肩膀扛反了，被鋼軌夾了脖頸，狠狠砸到地面。當場，滿口噴吐黑血，大家都說出了人命了。

有人當時就辭工跑回老家，連工錢都不要了。消息同時傳回，那家的兄長急忙到太原來料理弟弟的後事。趕到太鋼，弟弟脖頸上裏一條毛巾，繼續在工地上扛鋼軌哩！

人，說不來有多麼結實，多麼耐折騰。

車鉤夾頭顱

我從部隊復員回太原機車車輛廠，整天和機車打交道。廠裏有好多鐵道線，停滿各種待修車輛。計畫開始修理的，由調車組調度到生產線上來。修理完畢的，也有一條停車線，在那兒等候出廠。

車皮與車皮連接，依靠車鉤。自動車鉤還是詹天佑發明的，至今在國外車鉤還叫「詹天佑」。

聽老師傅們講，有個工人在停車線上檢查車鉤部件，旁邊正在調車，停著的車輛受到震動，發生了緩慢移動。結果，兩隻車鉤就可可將工人的腦袋給擠夾住了。那擠夾的力度也奇妙：沒有夾碎腦瓜，可也無法抽身。

雖然「火車不是推的」，當時處理事故現場，卻不敢動用火車頭，結果還就是利用人工將車皮朝兩面推開，工人得以獲救。

牛皮不是吹的

勸人不要隨便吹牛，人們愛說「牛皮不是吹的，火車不是推的」。後來有人發展加工，又添上幾句：泰山不是堆的，羅鍋不是偎的。

安全線

鐵路線設計，最大坡度可達千分之三十三。在長大坡道下面，重要車站都要設置安全線。假如有列車制動失靈，從坡道直衝而下，為了防止撞車，發生更大災難，這時就要開通安全線。讓失去控制的列車，撞向山崖或者衝進山溝。所謂安全線，是為了保證整條鐵路線的安全；對於失去控制的列車，則是車毀人亡。

開火車的，受到最惡毒的詛咒，不過是「讓你進安全線」。

金爐條

真金不怕火煉，本意是說金子化學穩定性高，高溫處理也不會輕易氧化。蒸汽機車鍋爐，爐膛有一間房子大小，洪爐烈火，熱焰逼人。老百姓揣度，那爐條一定是金子的。

直到上個世紀七十年代，我們一位師傅河北邢臺老家來人，還要專門到機車上參觀。要看看爐條到底是不是金子的。

走私鴉片

建國前，中國吸毒現象嚴重，走私鴉片猖獗。男人肛門夾帶、女人陰道藏匿，各種辦法無所不用其極。

老師傅們講，火車頭的爐膛裏走私鴉片，最為隱秘。

將鴉片油布包裹了，藏在濕煤中間；將那濕煤填入爐膛，烈火不久將濕煤燒成大塊爐渣，鴉片在爐渣裏安然無恙。

也有緝毒人員檢查，爐膛裏火焰熊熊，且是不會懷疑裏面藏匿了毒品。

唾沫梳頭

河北邢臺那位師傅，老婆來太原探親。我們做徒弟的，上工廠的臨時招待所去看望。結果就看到了一樣稀罕。

村裏女人給孩子梳頭，頭髮不通，有時蘸水。

我們老家，也有女人在梳齒上抿了唾沫給女孩梳頭的。習慣那樣，不以為然。而邢臺師傅的老婆，一邊和我們寒暄，一邊給小女娃梳頭，卻是直接向女娃的頭部吐唾沫。啐啐連聲中，老婆與女娃怡然自得。

看來，也是地方習慣，習以為常。

光腚學生

一九六八年，我應徵入伍於著名的三十八軍。部隊駐地在河北保定附近的於家莊。當時，舉國百姓貧窮。而河北之貧窮，更有甚於山西。

兵營不遠處有一所小學。夏天，男女學生一律不穿衣服，孩子們上下沒有哪怕一條線！教室裏悶熱，大家尋常在院裏讀書；黃土泥巴壘垛一些臺子，孩子們赤身露體圍攏了土台。多日陽光照射，娃娃們皮膚黝黑，在一片明亮的視界裏，撒落若干墨黑的色塊。

父親曾到部隊探視過我，他下了火車，一路步行到兵營。半路上乍然看見小學景象，開頭竟以為是村子裏集體放豬。老人不勝驚異，連十幾歲的上學女孩子也完全赤裸。

直到晚年，他有時還會唸叨起來，著實同情那些孩子們。

光身婦女

保定石家莊，夏天極熱。男人下地，都是光脊樑。婦女們，假如尚未出嫁，要穿一件背心兜肚之類；假如已經結婚，即便是十七八的女子，也完全是光脊樑。

當兵的看得眼饞，暗暗做一些春夢。或者遠遠羨慕田間勞作的農民。

當地農民見慣不驚，也許遠遠羨慕當兵人。

出門就是柴禾

河北平原，過去燃料嚴重短缺。莊稼的秸稈，不象其他地方用來秸稈還田，增加有機肥料，而是全部當做燒飯的燃料。一個風箱火台，煙道從炕底通過；燒飯時利用一點餘熱來暖炕。老年人，或者產婦病人，才能享受那一點溫暖。

老鄉家裏都有柴耙，拖了在野外行走，周遊兩個鐘頭，也許收穫那麼一把柴禾。《隋唐演義》裏程咬金賣柴耙，是有生活依據的。

部隊大院白楊落了葉子，老鄉們要來爭搶。掃街掃院過後，掃起的垃圾堆要過籮；以便拾取火柴棍大小的枝梗。生活在煤炭之鄉的山西百姓，萬難體驗那種燃料極度匱乏的艱難。出門撿到一個金元寶之類的意外驚喜，河北老鄉的說法則是：好傢伙，一出門就是柴禾！

門大窗小

山西曾經號稱海內最富。歷史上民居建築水準比較高。如今有許多晉商大院闢作旅遊景點，可見當年風致。

改革開放之前，就我眼光所及，河北、河南、山東，好多地方民居相當簡陋。建築材料短缺，包括氣候的原因，鄉下普通民居都是門大窗小。

窗戶有多麼小？有的頂多一尺見方。黑夜，用兩塊磚頭就完全封堵了。

門，開的相當大。冬天有太陽的日子，房門大開；因為外面會比屋裏暖和，好讓陽光的熱量進來。

門大窗小，連帶的民諺有「車大牛小，陰大陽小」之類。不知確否。

井水潑街

聽說，由於夏季天熱，徐州城裏居民當年多在街上睡覺。烈日烘烤一天，大地餘熱灼人。人們須得打來井水潑街。潑過一道，即刻蒸發。要連潑三道井水之後，鋪開涼席，方才可能坐得躺得。

湃

《紅樓夢》裏有一個細節，寶玉夏天喝茶，茶水要在井水裏湃過，使之清涼。湃讀ba音。山西方言稱冰涼的感覺叫「湃人」。

河曲民歌裏，記錄走西口的受苦漢冬天跋涉黃河的句子有：黃河裏耍一水湃斷兒根。

高壓風灌肛門

前段，在網上看到一條消息；消息中所說情節，我當年在工廠時曾經聽人講過。

工廠的高壓風管，壓力可達六公斤。工間，一位工友站睏了，就隨便坐在高壓風管的開放接頭上。旁邊有人開玩笑，過去偷偷猛地打開閥門。工作褲好比自行車打氣墊了布頭，高壓風由肛門直灌肚腹之內，絲毫不得外洩。結果，當場造成重大人身事故，腸子被炸斷成好幾截。

你也摳一下

平常無聊漢子，喜好一種低級玩笑：猛不丁上去，摳熟人的腚溝子。

我廠胡師傅，最愛這樣把戲。一次，猛地摳罷一個熟人的腚溝，熟人回頭，原來卻是生人。

胡師傅好生抱歉，自己撅了屁股道：夥計，認錯人了，實在對不住！要不，你也摳一下？

麻子十六字令

胡師傅，是個麻子。有這樣生理殘疾，胡師傅不像一般殘疾人那麼內向敏感。性格及其開朗，愛開玩笑。不等別人提及，他自己經常拿麻子來說事。

關於麻子，胡師傅總結了一套「十六字令」，從一個字到十六個字，都是形容麻子的。我聽過的，主要內容有這麼些：

核（讀hai）

天牌

漏米篩

雨打塵埃

雞啄西瓜皮

石榴殼翻過來

搓腳石頭一大塊

七九筒坎張和了牌

癩蛤蟆的外套大展開

啞巴媳婦

農村有這麼一家，媳婦是個啞巴，不過聽力還行。公公呢，腿腳不太方便，不多出門。外頭發生了什麼事兒，還得媳婦比劃給公公。

這天，公公聽見外面鞭炮聲大作，不知誰家娶媳婦還是打發老人。一會兒，啞巴媳婦看熱鬧回來，公公就打問，媳婦照例給公公來比劃。

公公問：放炮連天的，啥事兒？

媳婦上去摟住公公就親了個嘴兒。

公公明白了：嗷，是結婚娶媳婦吶！是哪道街上的呢？

媳婦轉過身，摸了一把屁股溝。

公公點頭：後溝的。誰家娃呢？

媳婦繞到公公背後，摳了公公的屁眼一下。

公公知道了：是紅眼家。是他哪個小子呀？
媳婦回前頭來，握住公公兩隻卵蛋掂了掂。
公公清楚了：呵，是他家那二旦！
公公接著打問：沒聽說媳婦是誰家閨女？
媳婦掀起衣襟，露出一隻大乳頭來，一邊嘻著臉笑。
公公曉得了：原來是喜奶奶家。哎，她可是好幾個孫女哪！
媳婦扯過公公的手，在自己的腿襠直上直下摸了一把。
公公說：哈哈，是小鳳（小縫）呀！

韓國面積記憶法

韓國遊覽，最後一站到漢城。旅遊項目有參觀三八線非軍事區。登上統一瞭望台，北朝鮮那面的景觀盡收眼底。

一條大河從北向南蜿蜒而來，上游部分叫臨津江，到漢城一帶則改稱漢江。至於南北雙方的實際軍事控制線，呈S形，已經不是嚴格意義上的38度緯線。

導遊介紹，南韓面積有九萬八千平方公里，北韓面積約十二萬二千平方公里。

當時，我突然想到父親講過的兩個資料。建國初期，還沒有使用糧票的時候，城裏人口糧不曾定量供應，買糧如同現在一樣，花錢就行。錢呢，還是舊幣制，一塊錢叫一萬元，一分吶，叫一百。他們扛麻袋幹腳行的夥計，早上吃小米乾飯，一斤一毛二分二；晚間吃玉米麵，一斤九分八。苦力們自己開心說：早上吃的一二二，黑夜包圓九百八。

算是碰巧。也實在是巧。

醋酸9度

在韓國用餐，調味品也能要到醋。醋是白醋，而且是醋酸勾兌出來的白醋。

不過，即便在中國，甚至在著名醋鄉山西，人們也很難吃到傳統工藝釀造的醋了。市場需求，催生出醋業集團和生產流水線，老式作坊基本滅絕。市場上供應的醋，也多是勾兌醋。

中國之大，而有四大名醋。影響巨大、名頭響亮者，有山西陳醋與鎮江香醋。

鎮江醋，原料是製作米酒之後的酒糟，不若山西醋，原料是地道的高粱黃豆，所謂大麴醋。從食用口味兩相比較，鎮江醋香軟有餘而醇厚不足，不得不俯首稱臣。

山西老陳醋，淋製出來要經過夏曬冬撈。夏天，讓其曝曬，醞釀蒸發；冬天，自然結冰，撈去冰塊。如此一年，稱作好醋；兩年，是為陳醋；三年以上，方才叫老陳醋。所謂酸度，分為十等。老陳醋，酸度達到9度。大家記憶裏，過年吃餃子蘸醋，嘴唇都要螫得發白。

如今，大家吃不到釀造醋，醋的酸度也降到5度左右。

燒酒75度

山西老陳醋天下聞名；聲名足可媲美者是山西汾酒。

汾酒，一九〇五年巴拿馬賽會，榮膺一等金質獎章。號稱千年古酒，引領卓越百年。酒型屬清香系列，不以外在麴香悅人；絢爛盡去，歸於平淡。本質本色，自信滿滿。好比清水出芙蓉，天然去雕飾；又好比天生麗質，無須妝扮。

當今時代，世風奢靡而艱難遠去，人類或曰進步而實際在日日弱化。汾酒如今烈性者，不過53度而已。二十年前，還是65度。而50年前，建國初期，汾酒是75度。

小販從燒酒作坊躉了汾酒去賣，作坊當下要比量酒度。拿四隻酒盅來，斟滿，點燃，火焰熄滅之後，所剩水分恰是一盅。待小販退還剩餘，作坊還要比量酒度，嚴防小販貪圖利益而羼水，敗壞汾酒名譽。

記得當年汾酒降到65度，父親一輩喝酒的夥計們都罵：操他媽的，都成了水啦！

幸好他們沒有到韓國旅遊。這裏的酒，僅有22度。恐怕要罵：還不如尿水子度數高哩！

篩酒

熱酒，燙酒，習慣上都叫篩酒。

從這個詞語可以揣測：最早國人喝的是黃酒。所謂米酒。

米酒乃漉制而成，不象白酒是蒸餾得來。

米酒中不免混雜米粒酒糟，所以須得好生用細籮篩過。

《水滸》中，好漢或混蛋飲酒，都要強調酒水是否清冽。否則，或是質量問題，或是下了蒙汗藥。

武松喝醪糟

武松在景陽岡前喝酒十八碗，喝的是米酒。誇張些說，喝的是醪糟罷啦。

山西晉南，陝西關中，醪糟與米酒混稱。

魯智深口中淡出鳥來，下山喝了一桶酒，哪裏會是白酒。

楊志押送生辰綱，天熱口渴，要買酒來解渴。

宋朝，乃至《水滸》成書年代，估計中國還沒有蒸餾酒。

自古黃金無大錠

金融界有個傳統說法，自古黃金無大錠。

梁山好漢，論秤分金銀，分的金子也是蒜條金之類。

後來，晉商打破了這一傳統。當時，晉商潞安幫與澤州幫主要經營煤鐵，政府是要徵稅的。由於稅額巨大，上繳白銀運輸不便，晉商就用黃金繳稅。

已有考據實物，晉商上繳的黃金錠子有五十兩與一百兩形製者。

公差吃賄賂

古裝戲，涉及衙門官司者，多有公差出場。董超薛霸之流，押送個把犯人，那是要吃賄賂的。

一般戲文裏，公差持了公文火簽去拿人犯，公然接受一些銀子把戲，就能網開一面，暫緩一日半日。許多戲劇都有這樣雷同情節，看得人厤煩。

但那實在是來自生活的真實。那樣設置情節，是相當典型的。典型到了隨處可見、自然而然、不再典型的程度。

公檢法，大蓋帽，吃了原告吃被告。老百姓近年的謠諺所言，也是生活中的普遍真實。在許多莊嚴的場合，都有「奉公守法、廉潔執法」等等堂皇字樣；老百姓知道，那都是給人看的。

火到豬頭爛

民諺說：衙門八字朝南開，有理無錢莫進來。

民諺還說：錢到公事辦，火到豬頭爛。豬頭不爛，多加幾塊大炭。

後記：雞鳴不已

這部書，動了寫作念頭，在甲申歲末，即西元二〇〇四年底。動手寫，是乙酉春節過後。我寫得很快，大約個把月的時間完稿。許多段子爛熟於心，正是手到拈來。信馬由韁，一氣呵成。周圍朋友不免誇讚我的寫作速度，乃至驚嘆我的記憶力。記憶力或有高下，受民間文化之浸染更有深淺。就我而言，骨子裡有點民間立場，不敢少忘自己來自民間；正因為來自民間，對民間文化確乎多有吸納。所謂念茲在茲、在茲念茲是也。回頭看這部書稿，由於完稿匆促，在編排體例上就未免隨意，內容上不曾進一步可能的分門別類。當然，這對讀者倒不一定是壞事。隨手翻開一頁，皆屬可看；彷彿山陰道上，觸目成趣。

這部書，恰如前言介紹的，多涉鄙俚。希望能出完整版，結果在大陸就遇到了意料之中的出版困難。編輯朋友們看了都說好，就是不得出版。他們堅持要我刪減的文字章節，恰恰是我堅持不能刪減的部分。這是沒處說理的。從文寫作多年，我本身還當過省級文學期刊主編，對之是為冷暖自知。作為寫家，為了書稿著作的出版，提前收斂鋒芒以避禍者，屬於「自我閹割」；有的則是揣摩上意，投其所好，這就墮落到「心理投誠」了。前者，尚在堅守己志；後者，既紅且紫，不知伊於胡底。在我，冥頑不靈，拒絕閹割者是也。

前幾年，承蒙蔡登山先生青睞，我的兩本書《穿越——文壇行走三十年》和《拷問經典》，都由秀威出版。那兩本書，都是在大陸不得出版的。也都是我個人極為看重、認為一生僅此一本的著作。這本書，在我而言泰半也是一生一本的著述。如今能由秀威再次盛情推出，不禁感喟良多。

思想常常被禁錮；但思想實在又是無法絕對禁錮了的。焚書坑儒，焚不盡天下詩書、坑不絕天下士子。有關當局放言「清潔屏幕、潔淨文字」云云，十足可笑。山野自然，陰陽成化，大道天成，有何潔與不潔？不潔者，倒是衛道士們的心術。

印刷成冊的文字，或許是一些自由行走的精靈；希望它們終將超越時空的侷限，撒播廣遠。

我寫作此書在乙酉年。這一年，老百姓叫做雞年。老百姓的俗話說：殺了老公雞，小公雞也啼明。老百姓還說：殺了公雞，擋不得天亮。民間俗語，微言大義，頗能發人深思、給人信心。

希望華文讀者，能喜歡這樣一本輕鬆有趣的鄙俚之作。

讓我再一次感謝蔡登山主編。感謝秀威。感謝本書的責編孫偉迪先生。

夏曆辛卯仲夏　是為記

新銳文學9　PG0620

新銳文創
INDEPENDENT & UNIQUE

你所不知道的中國民間文化
——關於飲食男女也關於草木蟲魚（前篇）

作　　者　張石山
主　　編　蔡登山
責任編輯　孫偉迪
圖文排版　蔡瑋中
封面設計　蔡瑋中

出版策劃　新銳文創
發 行 人　宋政坤
法律顧問　毛國樑　律師
製作發行　秀威資訊科技股份有限公司
114 台北市內湖區瑞光路76巷65號1樓
電話：+886-2-2796-3638　傳真：+886-2-2796-1377
服務信箱：service@showwe.com.tw
http://www.showwe.com.tw
郵政劃撥　19563868　戶名：秀威資訊科技股份有限公司
展售門市　國家書店【松江門市】
104 台北市中山區松江路209號1樓
電話：+886-2-2518-0207　傳真：+886-2-2518-0778
網路訂購　秀威網路書店：http://www.bodbooks.com.tw
國家網路書店：http://www.govbooks.com.tw

出版日期　2012年5月　初版
定　　價　320元

Printed in Taiwan

國家圖書館出版品預行編目

你所不知道的中國民間文化：關於飲食男女也關於草木蟲魚. 前篇 / 張石山作. -- 一版. -- 臺北市：新銳文創, 2012.05

面； 公分. --（語言文學類；PG0620）

BOD版

ISBN 978-986-6094-30-9（平裝）

1. 民俗 2. 中國文化 3. 文集

538.82 100016344

讀者回函卡

感謝您購買本書，為提升服務品質，請填妥以下資料，將讀者回函卡直接寄回或傳真本公司，收到您的寶貴意見後，我們會收藏記錄及檢討，謝謝！

如您需要了解本公司最新出版書目、購書優惠或企劃活動，歡迎您上網查詢或下載相關資料：http:// www.showwe.com.tw

您購買的書名：________________________________

出生日期：________年________月________日

學歷：□高中（含）以下　□大專　□研究所（含）以上

職業：□製造業　□金融業　□資訊業　□軍警　□傳播業　□自由業

□服務業　□公務員　□教職　□學生　□家管　□其它_____

購書地點：□網路書店　□實體書店　□書展　□郵購　□贈閱　□其他

您從何得知本書的消息？

□網路書店　□實體書店　□網路搜尋　□電子報　□書訊　□雜誌

□傳播媒體　□親友推薦　□網站推薦　□部落格　□其他__________

您對本書的評價：（請填代號　1.非常滿意　2.滿意　3.尚可　4.再改進）

封面設計____　版面編排____　內容____　文／譯筆____　價格____

讀完書後您覺得：

□很有收穫　□有收穫　□收穫不多　□沒收穫

對我們的建議：________________________________

____

____

____

請貼
郵票

11466
台北市內湖區瑞光路 76 巷 65 號 1 樓
秀威資訊科技股份有限公司 收
BOD 數位出版事業部

（請沿線對折寄回，謝謝！）

姓　名：＿＿＿＿＿＿＿＿＿　年齡：＿＿＿＿　性別：□女　□男

郵遞區號：□□□□□

地　址：＿＿＿＿＿＿＿＿＿＿＿＿＿＿＿＿＿＿＿＿

聯絡電話：(日)＿＿＿＿＿＿＿＿＿＿(夜)＿＿＿＿＿＿＿＿＿＿

E-mail：＿＿＿＿＿＿＿＿＿＿＿＿＿＿＿＿＿＿＿＿